高等医药院校基础医学实验教学系列教材

生物化学与分子生物学实验

第2版

主　编　林德馨
副主编　何　艳　陈　瑜
编　者　(按姓氏笔画排序)
刘晓如　齐元麟　何　艳　张春晓
陈　瑜　林　玲　林德馨　郑　敏
郑　辉　郑志竑　胡建石　段　娟
黄　山　盛　健　蔡文秀　廖之君

科学出版社
北　京

内 容 简 介

本书由十章四十三项实验组成,共分三篇:第一篇为基础性实验,共五章,包括生物化学与分子生物学实验基本操作、分光光度法、层析技术、电泳技术和印迹技术,其为生物化学与分子生物学实验中最基本的实验技能;第二篇为综合性实验,共五章,包括蛋白质定量分析方法学比较(Lowry 改良法、考马斯亮蓝法等),酶分离纯化与动力学分析,DNA 提取、扩增与测序、RNA 提取与鉴定以及基因克隆,通过综合性实验介绍实验技术方法的应用;第三篇为研究性实验,包括胰岛素和肾上腺素对血糖及肝糖原的影响、血清 γ-球蛋白的分离纯化与鉴定、青豌豆素的分离纯化与鉴定、外源基因在原核细胞的表达及蛋白质与 DNA 的相互作用分析。本书在阐明各类方法基本原理的同时,注重实验的具体操作和实例的应用。

本书适用于四年制、五年制临床医学及非临床医学各专业、七年制临床医学的实验教学,也可作为医学专科、硕士研究生各专业学生的实验教材,同时也供非医学专业学生学习生物化学与分子生物学技术参考。

图书在版编目(CIP)数据

生物化学与分子生物学实验 / 林德馨主编 .—2 版 . —北京:科学出版社,2014. 1

高等医药院校基础医学实验教学系列教材

ISBN 978-7-03-039286-2

Ⅰ. 生…　Ⅱ. 林…　Ⅲ. ①生物化学-实验-医学院校-教材　②分子生物学-实验-医学院校-教材　Ⅳ. ①Q5-33 ②Q7-33

中国版本图书馆 CIP 数据核字(2013)第 296125 号

责任编辑:胡治国 / 责任校对:张怡君

责任印制:张　伟 / 封面设计:范璧合

科学出版社 出版

北京东黄城根北街 16 号

邮政编码: 100717

http://www.sciencep.com

天津市新科印刷有限公司 印刷

科学出版社发行　各地新华书店经销

*

2009 年 8 月第　一　版　开本:787×1092　1/16

2014 年 1 月第　二　版　印张:7 1/2

2023 年 2 月第十一次印刷　字数: 169 000

定价: 32.00 元

(如有印装质量问题,我社负责调换)

第2版前言

随着分子生物学的快速发展，生物化学与分子生物学技术日益更新，新技术、新方法不断涌现。生物化学与分子生物学技术已成为医学科学研究的重要手段，在医学、生物学各个领域中广泛应用。生物化学与分子生物学实验已成为医学、生物学各专业必修的实验课程。

根据实验教学的需要，我校生物化学与分子生物学系自编《生物化学与分子生物学实验》，作为医学各专业学习"生物化学与分子生物学"的配套实验教材，经反复修改，多年使用，日益成熟。随着分子生物学的发展和实验教学模式的改变，现由我校福建省基础医学实验教学示范中心教授生物化学与分子生物学实验技术的教师，根据新的实验教学理念，在第1版的基础上重新编写。本教材将实验技术分为基础性实验、综合性实验和研究性实验三部分。

基础性实验：介绍最基本的实验操作和技能。

综合性实验：选择及重组实验，从多层次、整体介绍实验技术和方法。

研究性实验：开展以学生为主体的初步科学研究实验，将研究方法引入实验过程。本教材以培养学生的三基(基本理论，基本知识与基本技能)为基础，同时注重提高学生创新能力和综合素质。通过整合实验，开展综合性、研究性实验，扩展学生的科研思维，提高分析和处理问题的能力。

本教材涵盖了生物化学和分子生物学的基本实验方法和技术，是学习生物化学与分子生物学实验技术独立课程的一本实用教材。本教材面对医学本专科、硕士研究生各专业学生，适用于四年制、五年制临床医学及非临床医学各专业、七年制临床医学的实验教学，同时也可作为医学专业研究生学习生物化学与分子生物学实验技术的参考。

本教材在编写过程中，参编教师付出了辛勤的工作，许多实验技术人员也给予了极大的支持，尤其是胡建石高级实验师对实验操作进行认真的核对，余文明实验师在插图整理、文字录入等方面做了大量工作。因此，本书是集体的劳动成果和智慧的结晶，对所有参加和支持本书编写的人员表示真诚的谢意和崇高的敬意。

由于编者水平有限，综合性、研究性实验的编写模式又是新的尝试，书中难免存在不妥之处，殷切希望广大读者对本书提出批评和建设性建议，以便今后不断完善。

编者于福州

2013年8月10日

第二版前言

第1版前言

随着分子生物学的快速发展,生物化学与分子生物学技术日益更新,新技术、新方法不断涌现。生物化学与分子生物学技术已成为医学科学研究的重要手段,在医学、生物学各个领域中广泛应用。生物化学与分子生物学实验已成为医学、生物学各专业必修的实验课程。

根据实验教学的需要,我校生物化学与分子生物学系自编《生物化学与分子生物学实验指导》,作为医学各专业学习生物化学与分子生物学的配套实验教材,经反复修改,多年使用,日益成熟。随着分子生物学的发展和实验教学模式的改变,现由我校福建省基础医学实验教学示范中心教授生物化学与分子生物学实验技术的教师,根据新的实验教学理念,在原书的基础上重新编写。该书将实验技术分为基础性实验、综合性实验和研究性实验三部分。①基础性实验:介绍最基本的实验操作和技能;②综合性实验:选择及重组实验,从多层次、整体介绍实验技术和方法;③研究性实验:开展以学生为主体的初步科学研究实验,将研究方法引入实验过程。本教材以培养学生的三基为基础,同时注重提高学生的创新能力和综合素质,通过整合实验,开展综合性、研究性实验,以扩展学生的科研思维能力,提高分析和处理问题的能力。

本教材涵盖了生物化学与分子生物学的基本实验方法和技术,是学习生物化学与分子生物学实验技术独立课程的一本实用教材。本书面向医学本专科、硕士研究生各专业学生,适用于四、五年制临床医学、非临床医学各专业、七年制临床医学的实验教学,同时也可作为医学专业研究生学习生物化学与分子生物学实验技术的参考。

本书在编写过程中,参编教师付出了辛勤的劳动,许多实验技术人员也给予了极大的支持,尤其是杨俐丽高级实验师对实验操作进行认真的核对,余文明实验师在插图整理、文字录入等方面做了大量工作。因此本书是集体的劳动成果和智慧的结晶,对所有参加和支持本书编写的人员表示真诚的谢意和崇高的敬意。

由于水平有限,综合性、研究性实验的编写模式又是新的尝试,书中难免存在不妥之处,殷切希望广大读者对本书提出批评和建设性建议,以便今后不断完善。

福建医科大学
基础医学实验教学中心
林德馨
2009年7月10日

第1版前言

[illegible]

[illegible]

[illegible]

[illegible]

[illegible]

福建医科大学

[illegible]实验教学中心

[illegible]

200[illegible]年7月10日

目　　录

实验室总则 ………………………………………………………………………… (1)

第一篇　基础性实验

第一章　生物化学与分子生物学实验基本操作 ……………………………… (3)

第二章　分光光度法 …………………………………………………………… (8)

实验一　血清蛋白质含量测定 …………………………………………………… (13)

实验二　DNA 及 RNA 含量测定 ………………………………………………… (14)

实验三　血糖浓度测定 …………………………………………………………… (15)

实验四　血清甘油三酯测定 ……………………………………………………… (16)

实验五　血清总胆固醇含量的测定 ……………………………………………… (17)

实验六　血清丙氨酸氨基转移酶活性测定 ……………………………………… (18)

第三章　层析技术 ……………………………………………………………… (20)

实验七　聚酰胺薄膜层析技术——蛋白质及肽的 N 末端氨基酸 DNS 分析法 …… (22)

实验八　凝胶层析(分子筛层析法)分离蛋白质 ………………………………… (26)

实验九　离子交换层析分离氨基酸 ……………………………………………… (29)

实验十　亲和层析纯化血清 IgG ………………………………………………… (31)

第四章　电泳技术 ……………………………………………………………… (33)

实验十一　血清蛋白乙酸纤维素薄膜电泳 ……………………………………… (35)

实验十二　聚丙烯酰胺凝胶电泳分离血清蛋白 ………………………………… (36)

实验十三　聚丙烯酰胺凝胶电泳分离血清乳酸脱氢酶 ………………………… (40)

实验十四　SDS-聚丙烯酰胺凝胶电泳测定蛋白质相对分子质量 ……………… (43)

实验十五　等电聚焦-聚丙烯酰胺凝胶平板电泳测定蛋白质等电点 …………… (46)

实验十六　DNA 琼脂糖凝胶电泳 ………………………………………………… (47)

第五章　印迹技术 ……………………………………………………………… (49)

实验十七　Southern 印迹 ………………………………………………………… (49)

实验十八　Northern 印迹 ………………………………………………………… (51)

实验十九　Western 印迹 ………………………………………………………… (52)

实验二十　非放射性 Dig-dUTP 标记 DNA 探针及杂交检测 …………………… (54)

第二篇　综合性实验

第六章　蛋白质定量分析方法学比较 ………………………………………… (57)

实验二十一　Lowry 改良法测定蛋白质浓度 …………………………………… (57)

实验二十二　考马斯亮蓝法测定蛋白质浓度 …………………………………… (59)

实验二十三　二喹啉甲酸法测定蛋白质浓度 …………………………………… (60)

实验二十四　紫外分光光度法测定蛋白质浓度 ………………………………… (61)

第七章　酶分离纯化与动力学分析 …………………………………………… (63)

实验二十五　碱性磷酸酶分离纯化及比活性测定 …………………………………（65）
实验二十六　碱性磷酸酶初速度的测定 ……………………………………………（69）
实验二十七　碱性磷酸酶 K_m 值测定 ………………………………………………（70）
实验二十八　pH、温度及抑制剂对碱性磷酸酶活性的影响 ………………………（73）
第八章　DNA 提取、扩增与测序 ……………………………………………………（78）
实验二十九　质粒 DNA 的提取 ………………………………………………………（78）
实验三十　基因组 DNA 的提取 ………………………………………………………（79）
实验三十一　聚合酶链反应 ……………………………………………………………（81）
实验三十二　DNA 序列测定 ……………………………………………………………（82）
第九章　RNA 提取与鉴定 ……………………………………………………………（86）
实验三十三　细胞 RNA 的提取 ………………………………………………………（86）
实验三十四　逆转录-聚合酶链反应 …………………………………………………（88）
实验三十五　荧光定量 PCR ……………………………………………………………（89）
第十章　基因克隆 ………………………………………………………………………（91）
实验三十六　目的基因与质粒的限制性内切酶消化 ………………………………（91）
实验三十七　目的基因与质粒 DNA 的连接 …………………………………………（92）
实验三十八　质粒 DNA 的转化和筛选 ………………………………………………（93）

第三篇　研究性实验

实验三十九　胰岛素和肾上腺素对血糖及肝糖原的影响 …………………………（95）
实验四十　血清 γ-球蛋白的分离纯化与鉴定 ………………………………………（97）
实验四十一　青豌豆素的分离纯化及其鉴定 ………………………………………（101）
实验四十二　外源基因在原核细胞的表达 …………………………………………（102）
实验四十三　蛋白质与 DNA 的相互作用分析 ………………………………………（105）

主要参考文献 ……………………………………………………………………………（108）
附录 ………………………………………………………………………………………（109）

实验室总则

一、实验特点

生物化学与分子生物学是一门重要的实验性基础学科，其理论与实验技术相辅相成，在整个生物化学及相关学科的发展上，都起着决定性的作用。生物化学与分子生物学实验是实验性科学的重要组成，归纳起来，有如下特点：

（1）生物化学与分子生物学实验与其他学科互相渗透，在渗入其他学科的同时，也渗进相关学科的理论知识和实验方法。

（2）微量和定量是一大特点，因此要求有严格的条件，实验者必须有严谨的实验态度。

（3）实验涉及生物大分子和生物材料的检测。

（4）新技术手段的不断涌现，使生物化学与分子生物学实验方法不断发展，并得到广泛的应用，推动生物化学与分子生物学理论的发展。

（5）与临床密切联系，为临床检测提供实验技术手段。

二、实验须知

（1）生物化学与分子生物学实验有着独特的实验技能和基本操作。学生应本着认真、积极的态度，在教师的指导下，完成每次实验。不仅要明白实验的原理、步骤和关键所在，还要能发现问题，积累经验，并对实验结果展开讨论。

（2）课前认真预习，实验过程中，严格遵守操作规范。实验结果和数据应如实、及时记录，并当场写出实验记录，经教师检查同意并签字后，方可离开。实验报告应在实验后一天内完成并交到指定地点。

（3）遵守课堂纪律，不得迟到早退，实验室内不得吸烟、饮食、大声喧哗，学生之间应互助友爱。

（4）爱护实验器材。在了解仪器性能和操作规程之前，不得冒然使用，更不可擅自拆卸或将部件带出室外。实验过程中，如发现仪器损坏或运转异常，应立即妥善处理。

（5）注意安全。对腐蚀性试剂或易燃有机溶剂的操作应格外小心；水电煤气在停用时应及时关闭。

（6）保持室内整洁，公用试剂用毕应立即盖好，放回原处，实验中应注意节约。

（7）学生应轮流值日，负责实验室的卫生和安全，并协助教师从事一些实验前的准备工作。

三、实验记录及实验报告的书写

生物化学与分子生物学实验是生物化学与分子生物学及其他生物学科的重要研究手

段，是在生物化学与分子生物学理论及其他相关理论指导下的实践。经过实践，掌握科学观察的基本方法和技能；培养科学思维、分析判断及解决问题的能力；培养实事求是的工作作风。为达到实验目的，要求在实验中严肃认真地进行操作，细致观察各种变化并如实做好实验结果的记录，要求在操作结束后认真进行计算或分析，写好实验报告。

（一）实验记录

实验记录是指在实验中将观察到的现象、结果、数据及时、准确、如实、详尽、清楚地记录在记录本上。实验结果的记录不可掺杂任何主观因素，不能受现成资料及他人实验结果的影响，若出现“不正常”的现象，更应如实详尽记录。

完整的实验记录应包括日期、题目（内容）、现象及结果，使用精密仪器进行实验时还应记录仪器的型号及编号。一般采用表格式的记录方式，简练而清楚，不提倡使用易于涂改及消退的笔做原始记录。

（二）实验报告

实验结束后，应及时整理和总结实验结果，写出实验报告。完整的实验报告应包括实验名称、日期、目的要求、实验原理、操作方法、试剂、仪器设备、实验结果、讨论等内容。其中目的要求、原理、操作方法、试剂、设备等项目只要求进行简明扼要的叙述，不应将讲义内容原版抄录一遍，但对实验的条件、操作要点等实验成败的关键环节应做描述。

实验结果应如实记录实验中观察到的现象及各种原始数据，要求记录数据的计算过程及计算结果，包括根据实验数据及计算做出的各种图表（如曲线图、对照表等）。

讨论部分不是对结果的重述，而是对实验结果、方法和异常现象进行的探讨和评论，以及对实验设计的认识、体会及建议。一般要有实验结论，简单扼要的说明本次实验所获得的结果。

四、安全措施

（1）进入实验室必须穿实验工作服。

（2）实验室内严禁吸烟，易燃易爆物品应远离火源。低沸点的有机溶剂不得在火焰上直接加热；必须加热时，可在水浴进行。

（3）使用电器设备要严防触电。切忌用湿手触摸电器。发现仪器漏电时，立即报告并停止使用。一旦发生触电事故，应立即关闭电源，并用干木棍将导线挑离被电者身体；对呼吸停止者，应立即进行人工呼吸，并及时送医院抢救。

（4）强酸、强碱液体或剧毒液体，不得用口经吸量管吸取，必须使用吸耳球，如不慎吸入口内或沾及皮肤，应立即用清水多次漱口或局部冲洗。若为强碱灼伤，清洗后可用5%硼酸溶液清洗；若为强酸灼伤，水洗后可用5%碳酸氢钠溶液清洗。严重灼伤者，应立即将残留在身体上的液体轻轻冲洗后，送医务部门处理。

（5）用后的浓酸、浓碱残液，应倒入指定的容器。不要直接倒入水池内，以免蚀损水管；若少量残液已倒入池内，应立即放水稀释冲走。

（6）有毒试剂应集中处理，实验动物尸体不得随意丢弃，应集中统一处理在实验过程中要注意生物安全问题。

（7）万一着火，不要惊慌失措，要立即切断火源和电源，移走易燃物品，同时立即报告指导老师进行紧急处理，严防火势蔓延；若火势蔓延，应立即报警。万一衣服着火，切忌惊慌奔跑，可用衣服包裹身体或就地翻滚，借以绝氧灭火。

第一篇　基础性实验

第一章　生物化学与分子生物学实验基本操作

一、玻璃器皿的洗涤与干燥

生物化学与分子生物学实验常用各种玻璃仪器，其清洁程度直接影响实验结果的准确性。因此，清洁玻璃仪器不仅是实验前后的常规工作，也是一项重要的技术性工作。清洗玻璃仪器的方法很多，需根据实验要求、污物的性质和沾污程度选用合适的清洁方法。

（一）玻璃器皿的洗涤

1. 新购玻璃仪器的清洗　新购玻璃仪器，其表面附有碱质，可先用肥皂水刷洗，再用流水冲净，浸泡于1%～2%盐酸中过夜，再用流水冲洗，最后用蒸馏水冲洗2～3次，干燥备用。

2. 使用过的玻璃仪器的清洗

（1）一般玻璃仪器：如试管、烧杯、锥形瓶等，先用自来水刷洗后，再用肥皂水或去污粉刷洗，然后用自来水反复冲洗，去尽肥皂水或去污粉，最后用蒸馏水淋洗2～3次，干燥备用。

（2）容量分析仪器：如吸量管、滴定管、容量瓶等，先用自来水冲洗，待晾干后，再用铬酸洗液浸泡数小时，然后用自来水充分冲洗，最后用蒸馏水淋洗2～3次。干燥备用。

（3）比色杯：用毕立即用自来水反复冲洗。洗不净时，用盐酸或适当溶剂冲洗，再用自来水冲洗。避免用碱液或强氧化剂清洗，切忌用试管刷或粗糙布（纸）擦拭。

（二）玻璃器皿的干燥

上述所有玻璃器皿洗净（以倒置后器壁不挂水珠为干净的标准）后，根据需要晾干或烘干。

1. 晾干　不急用的玻璃仪器洗净后，可沥尽水分，倒置于无尘的干燥处，让其自然风干。

2. 加热烘干　一般玻璃仪器洗净并沥尽水分后，可置于电烘箱中烘烤，温度控制在105～110℃，烘1小时左右。但带有刻度的量器不宜在高温下烘烤。有盖（塞）的玻璃仪器，如容量瓶、称量瓶等，应去盖（塞）后烘烤。

二、移液器的使用

（一）刻度吸量管的使用方法

刻度吸量管的规格有0.1ml、0.2ml、0.5ml、1ml、2ml、5ml及10ml等，供量取10ml及以下任意体积的液体用。

1. 执管 将中指和拇指拿住吸量管上口以示指控制流速;刻度数字应朝向操作者。

2. 取液 把吸量管插入液体内(切忌悬空,以免液体吸入洗耳球内),用洗耳球吸取液体至所取液量的刻度上端 1 ~ 2cm 处,然后迅速用示指按紧吸量管上口,使管内液体不再流出。

3. 调准刻度 将含有充足液体的吸量管提出液面,用滤纸片抹干管尖外壁液体,然后垂直提起吸量管于供器内口(管尖悬离供器内液面)。用示指控制流至所需刻度,此时液体凹面、视线和刻度应在同一水平面上,并立即按紧吸量管上口。

4. 放液 放松示指,让液体自然流入受器内(如移液管标有"吹"字,则应将管口残余液滴吹入受器内)。此时,管尖应接触受器内壁,但不应插入受器内的原有液体中,以免污染吸量管及试剂。

5. 洗涤 吸取血液、尿、组织样品及黏稠试剂的吸量管,用后应及时用自来水冲洗干净。如果吸取一般试剂的吸量管可不必马上冲洗,待实验完毕后,用自来水冲洗干净。晾干水分,再浸泡于铬酸洗液中,数小时后,再用流水冲净,最后用蒸馏水冲洗。晾干备用。

(二) 枪式移液器的使用

枪式移液器的使用见图 1-1-1。

(1) 调体积,选取钮至所需值。

(2) 套上枪头。

(3) 垂直持握枪式移液器外壳,按下拇指至第一挡。

(4) 将枪头插入溶液,徐徐松开拇指,使其复原。

(5) 排放时,重新将拇指按下,至第一挡后,继续按至第二挡排空。

注意:移液过程应控制速度、力度。

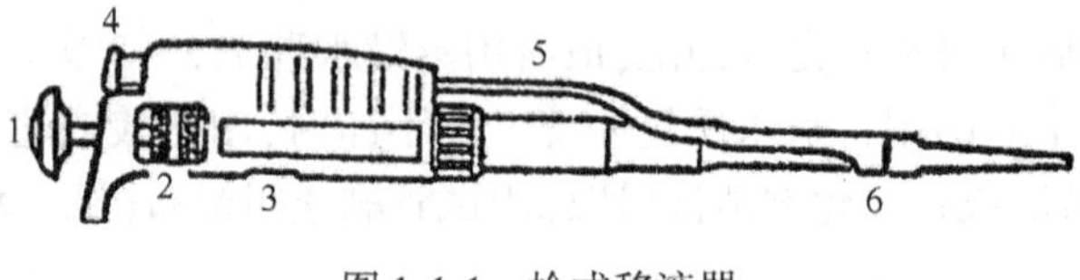

图 1-1-1 枪式移液器

1. 液体吸收钮;2. 体积选取钮;3. 体积显示;4. 枪头排放钮;
5. 枪头排放器;6. 枪头接嘴

三、溶液的混匀

样品与试剂的混匀是保证化学反应充分进行的一种有效措施。为使反应体系内各物质迅速地互相接触,必须借助于外加的机械作用,混匀时须防止容器内液体溅出或被污染,严禁用手指直接堵塞试管口或锥形瓶口振荡。混匀的方式大致有下面几种,可随使用的器皿和液体容量而选用。

1. 旋转混匀法 用手持容器,使溶液做离心旋转。该法适用于未盛满液体试管或小口器皿(如锥形瓶),旋转试管时宜用手腕旋转。

2. 指弹混匀法 用于持容器,手腕用力前后摇动使内容物混匀。还可用左手持试管上端,用右手手指轻轻弹动试管下部,使管内溶液做旋涡运动;或用右手持试管上端,在左手掌上打击的方法混匀内容物。

3. 颠倒混匀法　适用于有塞的容量瓶及有塞试管内容物的混匀。一般试管内容物混匀时可用聚乙烯等簿膜封口,再用手按住管口颠倒混匀。

4. 吸量混匀法　用吸量管将溶液反复吸放数次,使溶液充分混匀。

5. 玻棒搅动法　适用于烧杯、量筒内容物的混匀,如固体试剂的溶解和混匀。

其他,还有电磁搅拌混匀法和振荡器混匀法等。

四、常用生物材料的处理

(一) 抗凝全血的制备

全血是在取出的血液与适量的抗凝剂充分混合所得的抗凝血。保存时,应放入冰箱。

每毫升血液需加抗凝剂的量为:草酸钾或草酸钠 1~2mg;枸橼酸钠 5mg;肝素 0.1~0.2mg。根据实验目的不同要对抗凝剂加以选择,如血糖定量可用氟化钠以防止糖的分解,最好与草酸盐并用;肝素抗凝效果好,适用于各种分析。

采血一般应在早晨空腹或禁食 6 小时以上安静条件下采血。避免因饮食及其他生理情况常使血液成分发生变动。主要途径有耳垂或指尖采毛细血管血(仅在用血量较少用)以及静脉采血。

(二) 血清的制备

把新采的不加抗凝剂血于试管或离心管中,倾斜放置,任其自然凝固,然后移放冰箱或室温放置等待析出血清,移取血清于另外小试管中。保存时,应放入冰箱。

(三) 血浆的制备

采血后经与抗凝剂混匀得到抗凝血液经离心(2000~3000r/min,5~10 分钟),使有形成分下沉,上层即为血浆。注意吸取血浆,移放另外试管中备用。保存时,应放入冰箱。

注意:血液加入抗凝剂后,要及时轻轻摇动使抗凝剂溶解并混匀,不可强力振荡,避免溶血。

(四) 无蛋白血滤液的制备

血液中所含的蛋白质,常影响其他成分的测定。故检测非蛋白质的各种成分时,须先将其中的蛋白质除去,制成无蛋白血滤液,再进行分析测定。常用的蛋白沉淀剂有三氯乙酸、钨酸、有机溶剂、中性盐等,血液中加入蛋白质沉淀剂后离心或过滤所得的上清液或滤液,即无蛋白血滤液。

除去蛋白质的方法可分成两类:一类是使蛋白质脱水沉淀,如有机溶剂(甲醇、乙醇、丙酮等)及中性盐[$(NH_4)_2SO_4$、Na_2SO_4、NaCl 等]沉淀法;另一类是使蛋白质形成不溶性的盐而沉淀,常用有两种方法,一种是酸性沉淀剂法(如三氯乙酸、钨酸、苦味酸、钼酸等),其原理是酸性沉淀剂与蛋白质分子的阳离子形成不溶性的蛋白盐沉淀,必要条件是溶液 pH 要低于蛋白质的等电点(pI);另一种是重金属离子法(如 Zn^{2+}、Cu^{2+}、Hg^{2+}、Ca^{2+}、Pb^{2+}等),其原理是重金属离子与蛋白质分子的阴离子形成不溶性的蛋白盐沉淀,必要条件是溶液 pH 要高于蛋白质的等电点(pI)。

（五）尿液的制备

尿液成分及浓度生理变动较大。实验目的不同，可用不同的尿液。许多定性实验可用随时采取的一次尿样。清晨第一次尿样，比较稳定，也常采用。定量实验常需采用全日尿样。为防止采尿过程中及暂时保存中尿液成分发生变化，需要加适当的防腐剂，常用的有甲苯。

（六）组织材料的处理

1. 动物的处理 一般常用打击头部使之急速死亡，鼠亦用脱颈椎法致死，必要时立即断头放血。致死后迅速取出所需组织，冰浴条件下做进一步处理。

2. 匀浆的制备 进行组织或细胞内酶活性的测定或某些成分的定量时多使用组织匀浆，常用研钵或电动匀浆器研磨。制备匀浆并提取组织成分常用的溶液有生理盐水、缓冲液等。在分析酶活性或某些易变物质（如 ATP 等）或分离细胞内各组分进行研究时，特别要注意保持冰浴条件，迅速处理。

3. 沉淀的分离 常用过滤法和离心法。

五、台式离心机的使用

（一）离心分离物质的原理

利用物质的质量、密度形状等物理性状的差异，在一定介质中，通过离心力场作用使物质沉降的过程称为离心。

离心力（G）：是离心场中某一点的角速度（ω，弧度/秒）平方与该点到转轴之间距离（半径 r，cm）的乘积：

$$G=\omega^2 r$$

其中，角速度 ω 可以每分钟的旋转次数表示，简写为 r/min（转数/分）或者 rpm，每转一周的弧度为 2π，即：

$$\omega=2\pi\times\text{rpm}/60$$

那么

$$G=(2\pi\times\text{rpm})^2\times r/3600$$

一般离心力的大小以相对于重力常数 g（980cm/s^2）的倍数表示，称为相对离心力（RCF），单位为 g，即：

$$\text{RCF}=(2\pi\times\text{rpm})^2/(3600\times980)\times r$$
$$=1.12\times10^{-5}\times(\text{rpm})^2\times r$$

对于在离心转头中旋转的样品，估算其所受到的相对离心力需要考虑样品到旋转中心和固定距离（r）。由于转头的形状及设计，离心管中从管顶至管底各点到旋转中心的距离是不同的，为了计算，相对离心力的数值可用平均相对离心力（RCF 平均）来表示，即同一离心转头顶部和底部所受离心力的平均值。因此，最重要的将是确定半径（r）的数值。

（二）台式离心机使用的规程

（1）离心前先将盛有样品的离心管（或试管）和套管在台秤上平衡，调节双方重量相等，否则当离心机转动时容易受损。

（2）双方平衡后，分别放在离心机转盘的对称两孔洞内。

（3）检查电源的电压，插好插头，开动开关，然后转动速度调节器，逐步缓慢地增加转速以达到所需要的速度。在转动时，离心机机身应稳，声音均匀，如有机身不稳或声音异常，表示对称两管的重量不等，应立即停止离心。

（4）离心时间到时，先逐步减慢速度，转动调节器到"停"或"0"，然后关闭开关，让其自行停止，严禁用手强制使其转动停止（能自动控制工作时间的台式电动离心机，工作到预定时间并发出讯响后，离心机自动地停止运转）。

（5）最后将离心管取出，离心套管倒置于固定架内。

第二章　分光光度法

根据物质对光的吸收特性和吸收强度，对物质进行定性和定量的分析方法，称为分光光度法（spectrophotometry）。分光光度法和比色分析法都是光吸收方法。比色分析法用光电比色计进行测定，由滤光板来获得近似的单色光，波长范围宽达 30 ~ 50nm。分光光度法用分光光度计进行测定，以棱镜或光栅为分光器，获得单色光的波长范围一般都在 5nm 左右，因而测定的灵敏度、选择性和准确度都比光电比色法高。分光光度法根据光源和测定原理分为紫外分光光度法、可见光光度法和红外分光光度法等。在本章我们仅介绍分光光度法。

一、基 本 原 理

分光光度法是利用物质对某种波长的光具有选择性吸收的特性建立起来的鉴别物质或测定其含量的一项技术。当一束单色光通过溶液时，一部分被吸收，另一部分则透过溶液。设入射光强度为 I_o，透射光强度为 I_t，则透光度 $T=I_t/I_o$，吸光度（A）或光密度（$O.D$）或称消光度（E）则可表示为 $A=-\lg T$。根据 Lambert-Beer 定律，吸光度与溶液的浓液成正比，与光束通过溶液的距离（即光程）成正比，用数学表达式表示为：

$$A=KLC$$

式中 C 代表该物质的浓度，L 代表光程，一般以 cm 表示，K 为消光系数或吸光系数，在一定温度下，对于同一物质和一定波长的入射光而言，是一个常数。当 C 以 mol/L 表示时，K 为摩尔消光系数或摩尔吸光系数，用 ε 表示，即当溶液浓度为 1mol/L，光程为 1cm 时所测得的一定波长下的吸光度，其单位是 L/（mol · cm）；当 C 以质量体积浓度（g/100ml）表示时，吸光系数称为百分吸光系数，用 $E_{1cm}^{1\%\ m}$ 表示，单位是 ml/（g · cm）。

由于单色光透过溶液时，不仅被待测物质所吸收，而且还被比色容器与溶剂以及其他试剂吸收一部分，这部分需用空白管消除（空白液的做法即用与样本相同的一切试剂，而不含被测定的物质）。

二、波长的选择

波长的选择一般是选择待测物质最大吸收峰的波长（λ_{max}）。因在 λ_{max} 测定吸光度，敏感度最高（图 1-2-1）。在吸收峰波长处测吸光度，波长变化影响最小（图 1-2-1，A 带）；而在其他波长处（图 1-2-1，B 带），波长变化对吸光度影响大，甚至测得浓度-吸光度曲线不呈直线。

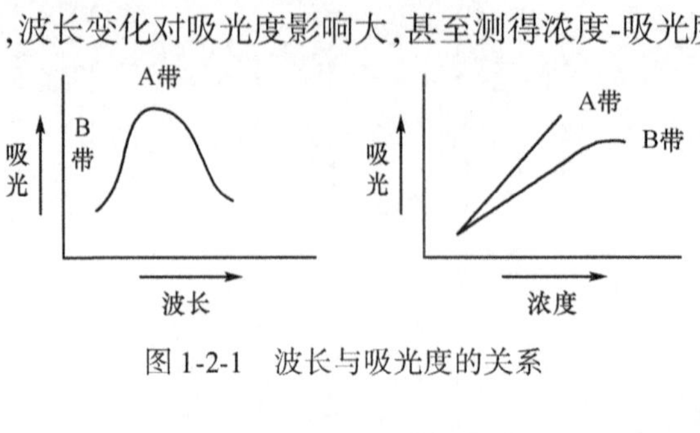

图 1-2-1　波长与吸光度的关系

选择测定某一溶液所需的波长，是可以用不同的波长做该溶液的吸收光谱曲线，从曲线上选择最适当的波长来进行这一溶液的测定工作。但是，在分析工作中，尚有个别情况，不能单凭此一原则，而应根据下列三个原则，进行实际试测，然后全面考虑利弊，再行选定。

(1) 应使被测溶液有适当的光密度。一般而言，适当的光密度为0.1～0.7，而以0.2～0.6最理想。过低的光密度因仪器的读数误差而产生很大的相对误差；反之，过高的光密度则往往已超过直线范围而引入误差。

(2) 应使干扰影响降低至最低限度。在反应中，如遇不易去除的干扰色泽，应选用对此干扰色泽最不灵敏的波长。

(3) 应使标准曲线在尽可能大的范围内接近直线。

三、标准曲线的绘制

（一）标准曲线的作用

(1) 标准曲线又称校正曲线或工作曲线，它是比色分析法中不可缺少的步骤。从浓度-光密度直线的直线特性，可以判断所采用方法的呈色反应是否符合 Lambert-Beer 定律。

(2) 做多次平行测定绘制标准曲线，可判断在整个测定过程中操作、仪器等误差的大小，从而确定该测定方法的可靠性。

(3) 从绘制标准曲线的斜率可以比较各种方法的灵敏度。

(4) 当进行大批样品分析时，可省略多次计算，从光密度值直接查阅标准曲线而求得被测物质的浓度。

（二）标准曲线的作法

(1) 标准液浓度的选择：在制备标准曲线时，标准液浓度选择一般应能包括待测样品的可能变异最低与最高值，一般可选择5种浓度。浓度差距最好是成倍增加或等级增加，并应与被测液同样条件下显色测定。

(2) 标准液的测定：在比色时，读取光密度至少读2～3次，求其平均值，以减少仪器不稳定而产生的误差。

（三）标准曲线图的绘制

一般常用的是光密度-浓度标准曲线。

(1) 用普通方格纸作图。图纸最好是正方形(长：宽=1：1)或长方形(长：宽=3：2)，以横轴为浓度，纵轴为光密度。一般浓度的全距占用了多少格，光密度的全距也应占用相同的格数。

(2) 绘制标准曲线时，以浓度位置向上延长，光密度位置向右延长、交点即为此坐标标点。然后，将各坐标点和原点联成一条线，若符合 Lambert-Beer 定律，则系通过原点的直线。

(3) 若各点不在同一直线，则可通过原点，尽可能使直线通过更多点，使不在直线上的点尽量均匀地分布在直线的两边。

(4) 标准曲线绘制完毕以后，应在坐标纸上注明实验项目的名称，所使用比色计的型号和仪器编号、滤光片号码或单色光波长以及绘制的日期、室温。

(5) 绘制标准曲线：一般应进行2次或3次以上的平行测定，重复性良好曲线方可应用。

(6) 绘制好的标准曲线只能供以后在相同条件下操作测定相同物质时使用。更换仪器、移动仪器位置、调换试剂及室温有明显改变时,标准曲线需重新绘制。

四、待测溶液浓度的计算

(一) 利用标准管法计算待测溶液的浓度

在同样实验条件下,同时测得标准管和待测管的吸光度值,然后进行计算。根据 Lambert-beer 定律。

标准管:

$$A_s = KC_sL(s\text{:标准液})$$

待测管:

$$A_x = KC_xL(x\text{:待测液})$$

两种溶液的液层厚度相等,温度相同,测定同一物质,所用单色光相同,K 值相同,则两式相比得:

$$\frac{A_s}{A_x} = \frac{C_s}{C_x}$$

即:

$$C_x = \frac{A_x}{A_s} \cdot C_s$$

在实际操作中,有时需要求待测液的含量,为计算简便,常使待测管体积与标准管体积相等(以 X 代表测定管含量,S 代表标准管含量)则:

$$X = \frac{A_x}{A_s} \cdot S$$

计算待测溶液浓度时,可根据测定时实际吸取的标准液的体积(V_s)和待测样品的体积(V_x)。

待测溶液浓度:

$$C_x = \frac{A_x}{A_s} \cdot C_s \cdot \frac{V_s}{V_x}$$

(二) 利用标准曲线进行换算

先配制一系列已知不同浓度的标准溶液。按测定管同样方法处理显色,分别读取各管光密度,以各管光密度为纵轴,各管浓度为横轴,在方格坐标纸上作图得标准曲线,以测定管光密度,从标准曲线上可求得测定物的浓度。

(三) 利用吸光系数(消光系数)求出待测溶液的浓度

根据 Lambert-Beer 定律:

$$A = KLC$$

K 是比例常数,又称为吸光系数或消光系数,其值取决于入射光的波长,溶液的性质和液层的厚度以及溶液的温度等有关。

K 的单位随 L、C 所用的单位不同而不同:若 C 为 1% (g/ml),L 为 1cm,此时的 K 值称为百分吸光系数用 $E_{1cm}^{1\%}$ 表示,即:

$$C = A/E_{1cm}^{1\%}$$

若 C 为 1mol/L，L 为 1cm，其 K 值称为摩尔吸光系数用 ε 表示，即：

$$C = A/\varepsilon$$

因此，根据已知待测溶液的百分吸光系数或摩尔吸光系数以及该溶液的吸光度，就可计算待测溶液和浓度。

不同的物质其 K 值不同，K 值愈大说明该物质溶液对光吸光愈强，则比色测定的灵敏度愈高。

五、分光光度计的使用

（一）7220 型分光光度计的使用

安装好仪器后，检查样池位置，使其处在光路中（拉动拉手应感到每档的定位）。关好样品室门，打开仪器电源开关（若联用打印机，则应先开主机后开打印机），工作方式选择指示灯应在透射比位置，使标样点应在第一点，显示器应显示为××. ×，预热 10 分钟，即可以进行测量。

1. 透射比测量　在样池中，放置空白及样品。

（1）按需要调节波长旋钮，使显示窗显示所需波长值。

（2）按方式选择[mode]键使透射比（T%）指示灯亮，并使空白溶液处在光路中。

（3）按[100% T]键调 100%，待显示器显示 100. 0 时即表示已调好。

（4）在样池架中放档光块，拉入光路，关好样品室门，观察显示是否为零，如不为 0. 0 则按[0% T]调零。

（5）取出挡光块，放入空白溶液，关好样品室门，显示屏应显示 100. 0，若不为 100. 0 则应重调[100% T]，重复步骤（3）。

（6）拉动样品拉手使被测样品依次进入光路，则显示器上依次显示样品的透射比值。

2. 吸光度测量　吸光度测量与透射比基本相同，只要注意：测吸光度时，按方式选择[mode]键选 ABS 档进行测定。

（二）721 型分光光度计的使用

721 型分光光度计是一种常用的可见分光光度计，适用于 400 ~ 760nm 的波长范围。

1. 仪器的使用

（1）首先应将仪器放置在干燥的室内，室内照明不宜过强，仪器应置于牢固平稳的台面上，避免引起振动。

（2）在仪器未接通电源时，电表指针应位于“0”[T]刻线上；必要时可用电表上的校正螺丝调节到“0”，但一般已调整好，无需调整。

（3）接通电源（指示灯亮），打开比色杯暗盒盖（此时光门关闭），电表指针处于“0”[T]位，预热 20 分钟。

（4）转动波长选择旋钮，选用所需的单色光波长，并根据所选择波长用相应的放大灵敏度档。原则是能使空白溶液良好地用光量调节器调整 T% =100 处。各档的灵敏度范围是：第一档×1 倍；第二档×10 倍；第三档×20 倍。一般选择“1”档。

（5）闭上比色杯暗盒盖（这时光门打开），使空白溶液比色杯对准光路。旋转光量调节器“100”，使电表指针准确指向“100%”[T]（或 A=0）。

（6）拉动比色杯座的拉杆，使测定管的比色杯依次进入光路，从刻度盘上读取吸光度（*A*）值，并做记录。

（7）测定完毕，取出比色杯。若仪器停止工作，开关应拨至“关”的位置，同时切断电源，将比色杯暗盒盖盖好，清洗比色杯。

（三）UV-9200 型紫外可见分光光度计

1. 仪器各部功能介绍 仪器各部功能介绍见图 1-2-2。

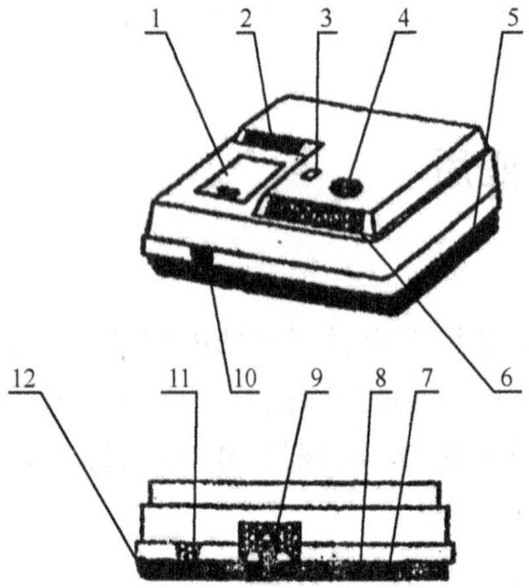

图 1-2-2 UV-9200 型紫外可见分光光度计

1. 样品室门：打开门可放置样品，关上门后才可以进行测量；2. 显示窗：显示测量值，在不同的功能下，可以分别显示透射比、吸光度及浓度和错误显示；3. 波长显示窗：显示当前波长值；4. 波长调节旋钮：调节波长用，当转动波长旋钮时，显示窗的数字随之改变；5. 仪器电源开关；6. 仪器操作键盘：实现仪器测量及功能转换；7. 打印输出口；8. RS232 口（选配）；9. 换灯手柄；10. 样品池拉手；11. 电源插座；12. 氘灯开关

2. 操作步骤 安装好仪器后通过换灯手柄选择入射光光源：紫外光测定，换灯手柄拨向氢灯（H）；可见光测定，换灯手柄拨向钨灯（W）。检查样池位置，使其处在光路中（拉动拉手应感到每档的定位）。关好样品室门，打开仪器电源开关（若联用打印机，则应先开主机后开打印机），方式选择指示灯应在透射比位置，工作曲线选择点应在第一点，显示器应显示为××. ×，预热 10 分钟，即可以进行测量。

（1）透射比测量：在样品室中，放置空白及样品。

1）按需要调节波长旋钮，使波长显示窗显示所需波长值。

2）按[mode]键使透射比 T% 指示灯亮，并使空白溶液处在光路中。

3）按[100% T]键调 100%，待显示器显示 100. 0 时即表示调好。

4）打开样品室门在样池架中放挡光块，关闭样品室门，观察显示器是否为零，如不为 0. 0 则按[0% T]调零。

5）取出挡光块，放入空白溶液，关好样品室门，显示器应为 100. 0 若不为 100. 0 则应重调[100% T]，重复步骤（3）。

6）拉动样品拉手，使被测样品依次进入光路，则显示器上依次显示样品的透射比值。

（2）吸光度测量：吸光度测量与透射比基本相同，只是有一点要注意：按[mode]键，使吸光度（ABS）指示灯亮。

实验练习：$CuSO_4$ 含量测定

取中试管 3 支，按表 1-2-1 操作。

表 1-2-1 $CuSO_4$ 含量测定操作表

试剂	标准管	测定管	空白管
$CuSO_4$ 标准液（ml）	1.0	—	—
$CuSO_4$ 测定液（ml）	—	0.8	—
蒸馏水（ml）	6.0	6.2	7.0

各管混匀，以空白管调零点，在 700nm 波长下比色，读取各管光密度值，求待测 $CuSO_4$ 溶液的浓度（mg/ml）。

【器材】 7220 型分光光度计。

【试剂】

（1）$CuSO_4$ 标准液（120mg/ml）：称取 $CuSO_4 \cdot 5H_2O$ 120g 加蒸馏水热溶解，稀释到 1000ml。

（2）$CuSO_4$ 待测液：称取 $CuSO_4 \cdot 5H_2O$ 100g 加蒸馏水热溶解，稀释到 1000ml。

实验一　血清蛋白质含量测定

【目的】

（1）掌握双缩脲法测定蛋白质浓度的原理。

（2）熟悉利用标准曲线计算蛋白质浓度的方法。

【原理】 双缩脲（$NH_2CONHCONH_2$）在碱性溶液中与硫酸铜反应生成紫红色化合物，称为双缩脲反应。蛋白质分子中含有许多肽键（—CONH—）在碱性溶液中也能与 Cu^{2+} 反应产生紫红色化合物。在一定范围内，其颜色的深浅与蛋白质浓度成正比。因此，可以利用比色法测定蛋白质浓度。

双缩脲法是测定蛋白质浓度的常用方法之一。操作简便、迅速，受蛋白质种类性质的影响较小，但灵敏度较差，而且特异性不高。除—CONH—有此反应外，—$CONH_2$、—CH_2NH_2、—CS—NH_2 等基团也有此反应。

双缩脲法测定蛋白质范围为 1 ~ 10mg。

【操作】 取中试管 7 支，按表 1-2-2 操作。

表 1-2-2　血清蛋白质含量测定操作表

试剂	标准管					测定管	空白管
	1	2	3	4	5	6	7
蛋白质标准液（ml）	0.2	0.4	0.6	0.8	1.0	—	—
待测血清样本（ml）	—	—	—	—	—	1.0	—
0.9% NaCl 溶液（ml）	0.8	0.6	0.4	0.2	—	—	1.0
双缩脲试剂（ml）	4.0	4.0	4.0	4.0	4.0	4.0	4.0

各管混匀，放置 37℃ 水浴中保温 20 分钟。用 540nm 比色，以空白管调零点，读取各管光密度值。

【计算】

（1）在坐标纸上以光密度为纵坐标，以蛋白质浓度（g/L）为横坐标绘制标准曲线。

（2）从标准曲线中查出待测血清样本的蛋白质浓度（g/L），并求出人血清样本的蛋白质浓度。

（3）从标准管中选择一管与测定管光密度相接近者，求出人血清样本的蛋白质浓度（g/L）。

【正常值】 总蛋白：60 ~ 80g/L。

【器材】 中试管 7 支、1ml 刻度吸管 3 支、10ml 刻度吸管 1 支、水浴箱、7220 型分光光度计。

【试剂】

（1）6 mol/L NaOH 溶液：称取 240g 氢氧化钠溶于 1000ml 蒸馏水中。

（2）双缩脲试剂：称取 $CuSO_4 \cdot 5H_2O$ 3.0g，酒石酸钾 9.0g 和碘化钾 5.0g，分别溶解后混匀，加 6mol/L NaOH 溶液 100ml，最后加蒸馏水至 1000ml，储于棕色瓶中，避光，可长期保存。如有暗红色沉淀出现，即不能使用。

（3）0.9% NaCl 溶液。

（4）蛋白质标准液（10mg/ml）：称取干燥的牛血清蛋白 100.0mg，以少量生理盐水溶解后倒入 10ml 容量瓶中。淋洗称量瓶数次，一并倒入容量瓶中，最后加生理盐水至刻度线；或用凯氏定氮法测定血清蛋白质含量，然后稀释成 10mg/ml 作为蛋白质标准液。

（5）待测血清样本：将人血清或动物血清用生理盐水稀释 10 倍后再测定。

实验二 DNA 及 RNA 含量测定

【目的】

（1）掌握 DNA 和 RNA 的定量测定的原理和方法。

（2）熟悉紫外分光光度计的使用。

【原理】 DNA 和 RNA 在 260nm 处有一很高的吸收峰，利用这个原理通过测定 A_{260}，再可算出其浓度。

用标准样品测得在波长 260nm 处，1μg/ml 双链 DNA 钠盐吸光度为 0.02，单链 DNA 钠盐为 0.025（光程为 1cm），即 $A_{260}=1$ 时，样品中双链 DNA 浓度为 50μg/ml，单链 DNA 浓度为 40μg/ml。纯净的 DNA 样品 A_{260}/A_{280} 的比值约为 1.8，样品中含有蛋白质或其他杂质，会使 A_{260}/A_{280} 的比值下降。

用标准样品测得在波长 260nm 处，1μg/ml RNA 钠盐吸光度为 0.025，（光程为 1cm），即 $A_{260}=1$ 时，样品中 RNA 浓度为 40μg/ml。纯净的 RNA 样品 A_{260}/A_{280} 的比值约为 2.0，样品中含有蛋白质或其他杂质，会使 A_{260}/A_{280} 的比值下降。

【操作】

（1）取 5μl DNA 样品或 4μl RNA 样品加双蒸水到 1ml。

（2）用 1ml 双蒸水做空白管，在紫外分光光度计上 260nm 处调零，测定样品管的 A_{260} 值。

（3）如果想要检测样品的纯度，那么还要再测一次 280nm 处 A 值，计算二者的比值，若比值接近 2，则说明样品中核酸比较纯。若比值小于 1.6，则说明蛋白或其他吸收此波长的杂质在其中，建议再用酚/氯仿抽提继以乙醇沉淀以除去杂质。

（4）如果想检测样品中是否残存酚等有机杂质，那么还要测定一次 230nm 处 A 值。

【计算】 根据 DNA 钠盐的吸光系数为 0.02，单链 RNA 钠盐的吸光系数为 0.025（光程为 1cm），代入 Lambert-Beer 定律公式计算 DNA 或 RNA 浓度（μg/ml）。

【器材】 UV-9200 分光光度计（紫外可见光两用）。

【试剂】 双蒸水、DNA 或 RNA 溶液。

实验三　血糖浓度测定

【目的】 掌握葡萄糖氧化酶测定葡萄糖的原理。

【原理】 葡萄糖氧化酶(GOD)利用空气和水催化葡萄糖分子中的醛基氧化,生成葡萄糖酸并释放过氧化氢。过氧化物酶(POD)在有氧受体时,将过氧化氢分解为水和氧。后者将还原性氧受体4-氨基安替吡啉和酚氧化,缩合生成红色醌类化合物(图1-2-3)。醌的生成量与葡萄糖量成正比。因此,将测定样品与经过同样处理的葡萄糖标准液进行比色,即可计算出血糖的含量。

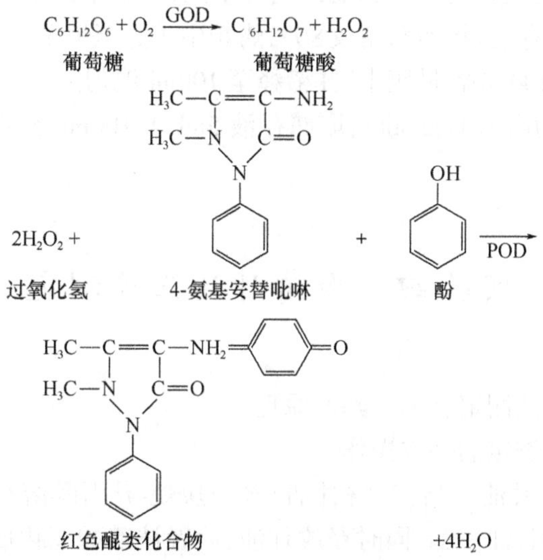

图1-2-3　实验三反应式

【操作】 取7支中试管按表1-2-3操作。

表1-2-3　血糖浓度测定操作表

试剂	标准管					待测管	空白管
	1	2	3	4	5	6	7
葡萄糖标准应用液(μl)	10	20	30	40	50	—	—
待测血清样品(μl)	—	—	—	—	—	30	—
0.1mol/L磷酸盐缓冲(μl)	—	—	—	—	—	—	30
酶酚混合试剂(ml)	2.0	2.0	2.0	2.0	2.0	2.0	2.0

混匀,37℃水浴15分钟,冷却后以505mm比色,空白管调零点,分别记录各管吸光度,计算出待测样品血糖的含量(葡萄糖的分子量为180)。

【正常值】 3.89～6.11mmol/L(70～110mg/dl)。

【注意事项】

(1) 本法对葡萄糖特异性较高,能干扰测定结果的物质很少。

(2) 由于温度对本实验影响较大,水浴时应严格控制温度,防止酶活性丧失。

【器材】 7220型分光度计。

【试剂】

(1) 0.1mol/L 磷酸盐缓冲液 pH7.0:溶解无水磷酸氢二钠(Na_2HPO_4)8.5g 及无水磷酸二氢钾(KH_2PO_4)5.3g 于 800ml 蒸馏水中,用少量 1mol/L 氢氧化钠或盐酸调 pH 至 7.0。然后加蒸馏水稀释至 1000ml。

(2) 酶试剂:葡萄糖氧化酶(GOD)1200U、过氧化物酶(POD)1200U、4-氨基安替吡啉 10mg、叠氮钠 100mg,加上述磷酸盐缓冲液至 80ml 左右,调 pH 至 7.0,再加磷酸盐缓冲液至 100ml。置冰箱可保存 3 个月(酶试剂现已有市售)。

(3) 酚试剂:酚 100mg 溶于 100ml 蒸馏水中(酚在空气中易氧化成红色,应放棕色瓶中)。

(4) 酶酚混合试剂:上述酶试剂和酚试剂等量混合,放冰箱保存(可保存 1 个月)。

(5) 葡萄糖标准储存液:将葡萄糖放 80℃ 烤箱中干燥至恒重,冷却后称取 2g,用 0.25% 苯甲酸溶液溶解,移入 100ml 容量瓶中,并稀释至 100ml 混匀。

(6) 葡萄糖标准应用液(1mg/ml):取储存液 5ml 于 100ml 容量瓶中,用 0.25% 苯甲酸溶液稀释至 100ml。

(7) 待测血清样品。

实验四 血清甘油三酯测定

【目的】

(1) 熟悉乙酰丙酮法测定甘油三酯的原理。

(2) 了解甘油三酯测定的基本操作。

【原理】 血清中的甘油三酯(三酰甘油)经正庚烷-异丙醇溶剂分溶抽提后,用氢氧化钾溶液皂化抽提液中的甘油三酯,同时释放甘油,后者被碘酸氧化成甲醛,甲醛与乙酰丙酮在铵离子存在下生成黄色的 3,5-二乙酰-1,4-二氢二甲吡啶,与经过同样处理的甘油三酯标准液进行比色,即可计算出血血清中的甘油三酯的含量。

【操作】

1. 抽提 取 3 支中试管按表 1-2-4 操作。

表 1-2-4 血清甘油三酯测定抽提操作表

试剂	标准管	待测管	空白管
甘油三酯标准应用液(ml)	0.2	—	—
待测血清(ml)	—	0.2	—
蒸馏水(ml)	—	—	0.2
抽提剂(ml)	2.0	2.0	2.0
0.4mol/L 硫酸(ml)	0.6	0.6	0.6

加入抽提剂时边加边摇,试剂加完后剧烈振荡 30s,静置分层。

2. 皂化 另取 3 支中试管按表 1-2-5 操作。

表 1-2-5 血清甘油三酯测定皂化操作表

试剂	标准管	待测管	空白管
上层液(ml)	0.5	0.5	0.5
1mol/L 氢氧化钾溶液(ml)	0.4	0.4	0.4

混匀,65℃水浴保温5分钟。

3. 氧化显色　各管加入过碘酸试剂各2ml,混匀后再加乙酰丙酮试剂2.0ml,混匀,65℃水浴保温15分钟,冷却,测A_{420},计算待测血清的甘油三酯含量。

【正常值】　0.34～1.70mmol/L。

【注意事项】

(1) 血清甘油三酯在3.39mmol/L以下,吸光度与浓度呈线性,超过3.39mmol/L应减少样品用量。

(2) 皂化、氧化及显色的温度和时间对吸光度有一定影响,应严格控制实验条件。

【器材】　7220型分光度计。

【试剂】

(1) 抽提液:正庚烷-异丙醇(2∶3.5,*v/v*)。

(2) 0.4mol/L硫酸溶液。

(3) 1mol/L氢氧化钾溶液:取氢氧化钾(分析纯)5.6g,溶于60ml蒸馏水中,加异丙醇40ml,棕色瓶室温保存。

(4) 过碘酸试剂:取过碘酸钠0.65g,溶于100ml蒸馏水中,加无水碳酸铵77g,溶解后加冰乙酸60ml,最后加蒸馏水至1000ml,棕色瓶室温保存。

(5) 乙酰丙酮试剂:400ml异丙醇中加乙酰丙酮4ml,加蒸馏水至1000ml,棕色瓶室温保存。

(6) 甘油三酯标准应用液(1mg/ml):取甘油三酯100mg,加抽提液溶解至100ml。

(7) 人血清标本。

实验五　血清总胆固醇含量的测定

【目的】　熟悉氧化酶法测定胆固醇的原理。

【原理】　血清中胆固醇酯在胆固醇酯酶的作用下,水解成游离胆固醇和脂肪酸。游离胆固醇经胆固醇氧化酶作用,生成胆固醇-4-烯-3-酮和过氧化氢,后者将还原性氧受体4-氨基安替吡啉和酚氧化,缩合生成红色醌类化合物。醌的生成量与胆固醇成正比。因此,将测定样品与经过同样处理的胆固醇标准液进行比色,即可计算出血清中胆固醇的含量。

【操作】　取3支中试管按表1-2-6操作。

表1-2-6　血清胆固醇含量测定操作表

试剂	标准管	待测管	空白管
胆固醇标准应用液(ml)	0.05	—	—
待测样品(ml)	—	0.05	—
显色应用液(ml)	3.0	3.0	3.05

混匀,37℃水浴保温15分钟,在500nm比色,测定吸光值。

【正常值】　2.8～6.0mmol/L。

【器材】　7220型分光度计。

【试剂】

(1) 0.1mol/L pH 6.7磷酸盐缓冲液。

（2）底物液：称取胆酸钠 129mg、4-氨基安替吡啉 16mg、吸取苯酚 0. 1ml，溶于 pH 6. 7 磷酸盐缓冲液中，加 TritonX-100 0. 2ml，以 pH 6. 7 磷酸盐缓冲液定容到 100ml。

（3）酶试剂：胆固醇氧化酶 0. 3ml（20U/ml）、胆固醇酯酶 80mg（40U/mg）、过氧化物酶 1mg（RZ=3），溶于 1ml pH 6. 7 磷酸盐缓冲液中。

（4）显色应用液：临用时取底物液 30ml 加酶试剂 1ml，混合后即为显色应用液，临用时按实际样品量的需要配制。

（5）胆固醇标准应用液（2mg/ml）：取胆固醇 0. 2g，加无水乙醇溶解，至 100ml。

实验六　血清丙氨酸氨基转移酶活性测定

【目的】

（1）掌握血清丙氨酸氨基转移酶活性测定的原理。

（2）熟悉改良穆氏法测定的条件。

【原理】　血清中的丙氨酸氨基转移酶（ALT）在最适的温度和 pH 条件下，作用于 ALT 基质液（丙氨酸及 α-酮戊二酸）生成丙酮酸及谷氨酸（图 1-2-4）。

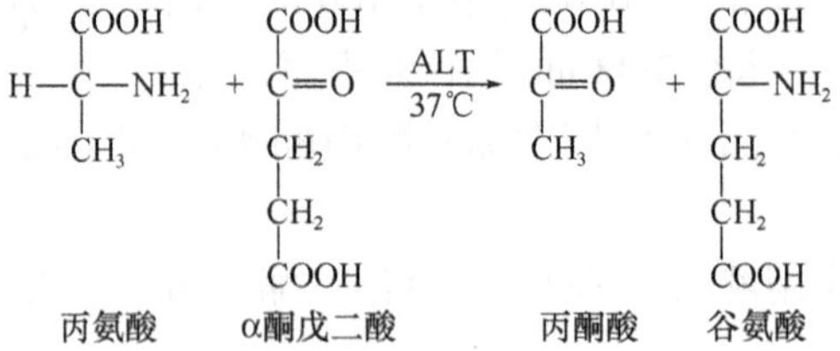

图 1-2-4　实验六反应式 1

丙酮酸与 2，4-二硝基苯肼作用，生成丙酮酸二硝基苯腙。在碱性溶液中显红棕色（图 1-2-5）。另外，取已知浓度的丙酮酸标准液在同样条件下显色，可用比色法测出 ALT 催化反应生成的丙酮酸含量即可算出酶活性。

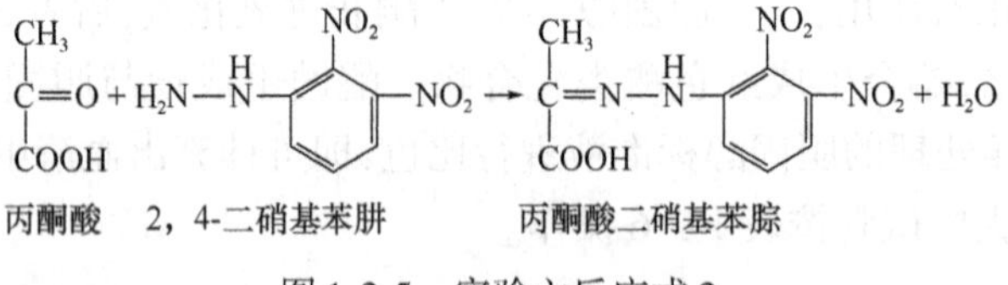

图 1-2-5　实验六反应式 2

本实验用改良穆氏法测定，以 1ml 血清与足量基质液在 37℃保温 30 分钟，产生 2. 55μg 丙酮酸称为 1 个酶单位，血清正常值范围在 1 ~ 38 单位。

【操作】　取中试管 4 支，按表 1-2-7 操作。

表 1-2-7　血清丙氨酸氨基转移酶活性测定操作表

试剂	测定管	测定空白管	标准管	标准空白管
ALT 基质应用液（ml）	0. 5	0. 5	—	—
1/15mol/L 磷酸缓冲液（ml）	—	—	0. 5	0. 6

续表

试剂	测定管	测定空白管	标准管	标准空白管
置 37℃ 水浴保温 5 分钟				
丙酮酸标准液(ml)	—	—	0.1	—
血清(ml)	0.1	—	—	—
轻轻混匀,仍置 37℃ 水浴精确保温 30 分钟				
2,4-二硝基苯肼液(ml)	0.5	0.5	0.5	0.5
血清(ml)	—	0.1	—	—
混匀,置 37℃ 水浴保温 20 分钟				
0.4mol/L NaOH(ml)	6.0	6.0	6.0	6.0

混匀,放置 5 分钟后,在 520nm 波长下以标准空白调节零点,读取各管光密度。

计算:

$$\frac{\text{测定管光密度}-\text{测定空白管光密度}}{\text{标准管光密度}} \times 10 \times \frac{1}{0.1} \div 2.55 = \text{单位}/1\text{ml 血清}$$

【临床意义】 氨基转移酶在氨基酸代谢及蛋白质、脂肪、多糖三者相互转化作用上占有极重要的地位,其作用在于催化氨基酸的 α-氨基转移至 α-酮酸的酮基位置上。此酶广泛存在于机体组织细胞内,尤以肝、心、肌、脑、肾等细胞内酶活力最强。此酶种类甚多,任何一种氨基酸在进行转氨基作用时,都由其专一的转氨酶催化。

目前,发现在体内活力最强的氨基转移酶有丙氨酸氨基转移酶和草酰乙酸氨基转移酶,它们在血清中也有少量。血清中含量增加往往与组织的变化相关。血清 ALT 显著增高,见于各种肝炎急性期、药物中毒性肝细胞坏死;中度增高见于肝癌、肝硬化、慢性肝炎及心肌梗死;轻度增加见于阻塞性黄疸及胆道炎症等疾患。

【器材】 7220 型分光度计。

【试剂】

(1) 1/15mol/L 磷酸盐缓冲液(pH 7.4):配制参见附录 3。

(2) 0.4mol/L NaOH 溶液:取标定的 1mol/L NaOH 溶液 400ml 加蒸馏水至 1000ml,充分混匀。

(3) ALT 基质液

1) ALT 基质储存液:称取 α-酮戊二酸 0.3g 及 *DL*-α-丙氨酸 8.9g,先溶至 5ml 10mol/L NaOH 溶液中,再加浓盐酸 4ml 以蒸馏水稀释至 100ml,混匀、调 pH 至 7.4,至加氯仿 0.1ml,用力振摇片刻,放冰箱可长期保存。

2) ALT 基质应用液:将上述谷丙转氨酶基质储存液以 1/15 mol/L 磷酸盐缓冲液(pH 7.4)稀释 10 倍,加数滴氯仿,用力振摇后放冰箱保存,可用一周。

(4) 丙酮酸标准液

1) 丙酮酸钠标准储存液(2000μg/ml 丙酮酸),准确称取丙酮酸钠 0.2g,溶于 100ml 1/15mol/L 磷酸盐缓冲液。

2) 丙酮酸钠标准应用液(100μg/ml 丙酮酸):将上述丙酮酸钠标准储存液用 1/15mol/L 磷酸盐缓冲液稀释 20 倍即得。

(5) 2,4-二硝基苯肼溶液:称取 2,4-二硝基苯肼 40mg,先溶于 10ml 10mol/L 盐酸中,再用蒸馏水稀释至 100ml。

第三章　层 析 技 术

色层分析法，简称层析法（chromatography methods），又称色谱法，是一种重要的分离分析手段。层析法实质上是一种物理化学分离方法，即利用混合物中各组分的吸附力、带电性、相对分子质量、极性或生物活性等差异，当两相（固定相和流动相）作相对运动时，使各组分在两相中反复多次受到溶解、析出、吸附、脱附等作用从而以不同速度相对于固相移动而达到分离。层析和电泳同为生物化学中生物大分子的分离纯化常用的手段，二者相辅相成，各有所长。在蛋白质大量制备时，层析比电泳更有优势。

一、层析的发展简史

层析技术在20世纪初开始形成。1903年俄国植物学家茨维特（Tswett）首先用色谱法分离了植物色素。他将植物色素的石油醚提取液倾入装满碳酸钙细粉的玻璃管中，再加入石油醚使其自由流下，结果植物色素中各组分互相分离形成各种不同颜色的色谱带（图1-3-1）。后来这种方法被称为色谱法。装碳酸钙的玻璃管称为色谱柱（column），管内的填料（如碳酸钙）称为固定相（stationary phase），淋洗液（如石油醚）称为流动相（mobile phase），这就是早期的吸附层析。1931年Kuhn用同样方法从蛋黄中分离出黄体素，玉米中分离出黄色素，推动了层析法的发展和应用。1941年，Martin等用硅胶装柱，分离了混合液中的氨基酸。随着色谱法不断发展，不仅可用于分离有色物质，而且广泛地用来分离无色物质，但仍沿用色谱法这一名词。

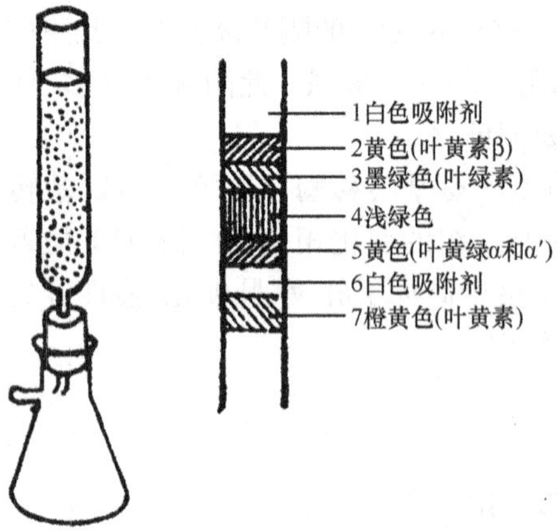

图1-3-1　茨维特的色谱柱和色谱图

二、层析法的分类

层析法有许多类型，从不同角度可以有各种不同的分类方法。

（一）按两相的物态分类

用气体为流动相的层析方法称为气相层析（GC），用液体为流动相的层析方法称为液相层析（LC），再根据固定相的性质不同可按表1-3-1分类。另外还有流体为流动相的超临界层析。

表1-3-1　层析法分类

流动相	总称	固定相	层析名称
气体	气相层析	固体	气-固层析（GSC）
		液体	气-液层析（GLC）

续表

流动相	总称	固定相	层析名称
液体	液相层析	固体	液-固层析(LSC)
		液体	液-液层析(LLC)

（二）按固定相所处的形式分类

1. 柱层析(column chromatography, CC)　固定相装在柱管内,以液体作流动相,流动相带着样品在柱内由上往下移动而使混合组分分离,经过分段收集流出液,再用其他方法进行测定。

2. 纸层析(paper chromatography, PC)　用滤纸作固定相,样品溶液在滤纸上展开而进行分离和测定。

3. 薄层层析(thin layer chromatography, TLC)　固定相制成板状或薄膜,样品溶液在薄层上进行展开分离和测定。

（三）按层析的分离机制分类

1. 吸附层析法(absorption chromatography)　利用吸附剂表面的活性分子或基团对流动相中样品组分吸附能力强弱不同来进行分离。

2. 分配层析(partition chromatography)　利用样品各组分在固定相和流动相间溶解度的不同(分配系数不同)来进行分离。

3. 离子交换层析(ion-exchange chromatography)　利用样品组分对离子交换剂静电力的差异来进行分离。

4. 凝胶层析法(gel chromatography)　又称排阻层析(gel exclusion chromatography),利用样品组分在凝胶上所产生的阻滞作用不同来进行分离。

5. 亲和层析(affinity chromatography)　利用生物分子间所具有专一性亲和力而进行分离。它是利用一种特殊吸附剂作固定相,根据溶液中生物分子化学结构与功能的不同进行选择性的(专一性)及可逆性吸附,通过适当方法进行解吸附。

6. 其他　如金属螯合层析、疏水层析、聚焦层析等。

三、层析的发展和应用

1944 年 Consden 提出的纸层析,以及随后出现的薄层色谱法,都是以液体作为流动相,统称为经典液相层析。这类方法分析速度慢,分离效率低,重复性差、定量困难,又不易实现自动化,因此发展较缓慢。20 世纪 50 年代气相色谱出现后,色谱技术得到了迅速地发展,成为一种新型的分离分析技术,并得到广泛地应用。气相色谱的发展又促进了液相色谱的发展,60 年代后期发展了高效液相层析技术(high performance liquid chromatography, HPLC),并广泛用于微量分析。分析速度和分离效率大大提高,并实现了仪器化。

随着新技术、新材料的引入,各种固定相种类的不断改进更新,使分离效率越来越高;在 HPLC 的基础上又有了微量高效液相层析(Micro-HPLC),进入超微量分析领域。液相层析的应用即可进行大规模的生产又可以小型制备和微量分析,还可对物质进行定性和定量分析。

本章所讨论的经典液相色谱法,是现代色谱学的基础。随着科学技术的发展,经典液相色谱法也有不同程度的新进展,如实现进样、加液和收集馏份的半自动化,缩短了分析时间。层析检测系统，如紫外分光光度法、荧光法、电化学法等也日趋准确快速，使层析技术迅速发展，逐渐完善。而且由于经典液相色谱设备简单，操作方便，能分离复杂的混合物，所以经典液相色谱在分析化学上仍占有一定的地位。层析法与其他经典分离方法（蒸馏、结晶和萃取等）相比操作简便、分离效率高，在科学研究、医药卫生、环境保护及化工等领域均有广泛应用。例如，在卫生分析中可用薄层色谱法半定量测定大气中的苯并芘、食物中的黄曲霉毒素和亚硝胺等致癌物质等。

实验七　聚酰胺薄膜层析技术
——蛋白质及肽的 N 末端氨基酸 DNS 分析法

【目的】

（1）掌握聚酰胺薄膜层析技术的基本方法和应用。

（2）熟悉蛋白质及肽的 N 末端氨基酸 DNS 分析法。

（3）熟悉吸附层析的原理。

【原理】

（1）吸附层析原理：吸附是物质表面的一个重要性质。任何两相物质之间都可以形成表面，其中一个相的物质或溶解在其中的溶质在此表面聚集现象称为吸附。凡能够将其他物质聚集到自己表面的物质称为吸附剂。常用吸附剂有硅胶、氧化铝、活性炭、淀粉、纤维素及陶土等，聚集于吸附剂表面的物质就称为被吸附剂。吸附剂与被吸附剂之间的作用，既有物理作用又有化学作用的特征。吸附力的强弱除与吸附剂本身的性质有关外，也与被吸附剂有关。由于吸附剂对不同物质具有不同的吸附力，从而利用吸附剂表面对混合样品组分进行分离。

（2）荧光试剂二甲氨基萘磺酰氯（dansyl-Cl，简称 DNS-Cl）　在碱性条件下与氨基酸、肽或蛋白质的氨基结合成带有荧光的 DNS-氨基酸、DNS-肽或 DNS-蛋白质，DNS-蛋白质再经酸水解可释放出 DNS-氨基酸，其反应式如图 1-3-2：

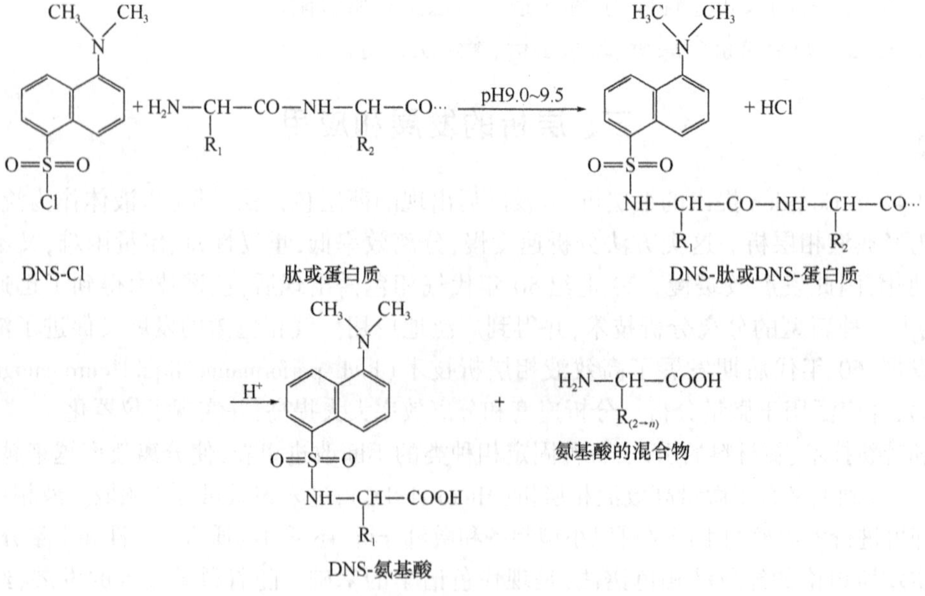

图 1-3-2　实验七反应式

DNS-Cl 能与所有的氨基酸生成具荧光的衍生物，其中赖氨酸、组氨酸、酪氨酸、天冬酰胺等氨基酸可生成双 DNS-氨基酸衍生物。这些衍生物相当稳定，可用于蛋白质的氨基酸组成的微量分析，灵敏度可达 $1\times10^{-10}\sim1\times10^{-9}$mol 水平，比茚三酮法高 10 倍以上，比过去常用的 FDNB 法高 100 倍。将 Edman 法和 DNS 法结合起来（称为 Edman- DNS 法）应用于蛋白质结构的序列分析工作，可以提高 Edman 法的灵敏度及分析速度。DNS-氨基酸衍生物在 6mol/L 盐酸中 105℃水解 22 小时，除 DNS-色氨酸全部被破坏，DNS-脯氨酸（77%）、丝氨酸（35%）、甘氨酸（18%）、丙氨酸（7%）部分被破坏外，其余 DNS-氨基酸很少破坏。故 DNS 法可用于蛋白质和肽的氨基酸组成 N 末端分析。

DNS-Cl 与蛋白质的侧链基团巯基、咪唑基、ε-氨基和酚羟基反应，前二者在酸碱条件下均不稳定，酸水解时完全破坏；DNS-ε-赖氨酸和 DNS-O-酪氨酸较稳定，同时还有 DNS-双-赖氨酸和 DNS-双-酪氨酸生成，展层后在层析图谱的位点上，都与 DNS-α-氨基酸有区别。DNS-Cl 在 pH 过高时，水解产生副产物 DNS-OH；在 DNS-Cl 过量时，会产生 DNS-NH_2。

DNS-氨基酸在紫外光照射下呈现黄色荧光，而 DNS-OH 和 DNS-NH_2 产生蓝色荧光，可彼此区分开。

DNS-氨基酸在酸性条件下（pH 2～3）一般都可被乙酸乙酯抽提，然后取乙酸乙酯层点样层析。这样大量 DNS-Cl 的反应副产物 DNS-OH 可留于水相，干扰因素减少，所得层析图谱清晰。但若是 DNS-精氨酸、DNS-天冬氨酸、DNS-谷氨酸、DNS-苏氨酸、DNS-丝氨酸则大部分或部分留于水相，往往会被遗漏，而导致错误结论。这时可将样品浓缩干，用甲醇直接溶解后点样，由于上述 DNS-氨基酸的层析位置都位于 DNS-OH 的右侧，影响不大，这一点在测定多肽或蛋白质的 N 末端时要特别注意。

DNS-氨基酸可用聚酰胺薄膜层析法进行分离和鉴定，在薄膜上检测灵敏度为 0.01μg（相当于 1×10^{-10}mol）。聚酰胺薄膜层析是 1966 年后发展起来的一种新层析技术。它具有灵敏度高、分辨力强、快速、操作方便等优点，已被广泛应用于各种化合物的分析。在用于分析测定氨基酸衍生物方面超过了过去使用的纸层析、纸电泳、硅胶薄板层析等方法。

聚酰胺是一类化学纤维原料，即锦纶（又称尼龙）。由己二酸与己二胺聚合而成的称锦纶 66。

$$n\mathrm{HOOC(CH_2)_4COOH}+n\mathrm{H_2N(CH_2)_6NH_2}\rightarrow\cdots\cdots\mathrm{HNCO{-}(CH_2)_4CO{-}NH(CH_2)_6NHCO{-}}\cdots\cdots$$

因分子中都含有大量酰胺基团，故统称聚酰胺。它对很多极性物质有吸附作用，这是由于聚酰胺的—C ═O 及—NH 基能与被分离物质之间形成氢键。例如，酚类（包括黄酮类、鞣质等）和酸类（如核苷酸、氨基酸等）是以其羟基与酰胺键的羰基形成氢键；硝基化合物和醌类等物质与酰胺键的氨基形成氢键。被分离物质形成氢键能力的强弱，确定吸附能力的差异。在层析过程中，展层溶剂与被分离物质在聚酰胺表面竞相形成氢键。因此，选择适当的展层溶剂，使被分离物质在溶剂与聚酰胺表面之间的分配系数能有较大差异，经过吸附与解吸的展层过程，可以一一分离。

聚酰胺薄膜是在涤纶片基上涂上一层锦纶薄膜制成的。

【操作】

1. 正常人血清中氨基酸的 DNS 分析

（1）血清中氨基酸的 DNS 化：在有塞小试管中（内有经预处理的血清）加 pH 9.8 的 0.2mol/L $NaHCO_3$ 0.2ml，测 pH 8～9，加 DNS-Cl 丙酮液 0.2ml，充分摇匀，放入 40℃温箱保温 30 分钟，去塞后保温 15 分钟。取出后用 1mol/L HCl 酸化至 pH 2～3（注意用最小体积，从一滴加起)，若酸化过量，pH<2 ~ 3。可用 1mol/L NaOH 校回，再加水饱和的乙酸乙酯 1ml，摇匀。待分层，吸取上层乙酸乙酯液于另一小试管中(注意不要吸水相)，原管再加乙酸乙酯 1ml，同上摇匀分层。吸上层液于同一小试管中，80 ~ 90℃水浴蒸干后加无水乙醇 50μl，摇匀后点样。

(2) 血清 DNS-氨基酸的双向层析：取一张 7cm×7cm 聚酰胺薄膜。在左下角距两边各 0. 6cm 处点上血清 DNS-氨基酸。点样时，用毛细玻管吸取 DNS-氨基酸无水乙醇液，点样直径控制在 2 ~ 3mm，可重复点几次以提高浓度。点样量以紫外灯下能见一明亮的荧光点为佳。点样后，将膜卷拢放在苯-冰乙酸溶液系统中作为第一向层析(点样处在下，向上层析)。待溶剂前沿到达离顶端约 3mm 处取出。用电吹风或电风扇吹干，直到无冰乙酸味为止，在紫外灯下观察层析情况。然后调转 90℃与第一向垂直向再以甲酸-水作为第二向层析。用电吹风热、冷风交替吹干，以去除残存溶剂，在紫外灯下观察结果，并用铅笔轻轻描出各荧光点位置。对照标准图谱(图 1-3-3)可确定各荧光点分别是哪种 DNS-氨基酸。

2. 标准氨基酸的 DNS 分析 称取 2. 3μmol 层析纯的氨基酸(一般可将氨基酸的 Mr 分为 100、150、200 三个等级，相应的称量为 0. 23mg、0. 34mg、0. 46mg 左右)，溶于 0. 5ml 0. 2mol/L 碳酸氢钠溶液中。然后，取 0. 1ml 于具塞玻璃试管中，加入 0. 1ml DNS-Cl 丙酮溶液，检查 pH，用 1mol/L 氢氧化钠溶液调 pH 至 9. 0 ~ 9. 5，于室温(20℃左右)放置 2 ~ 4 小时。储备于暗处备用。按上述层析溶剂系统，做 DNS-氨基酸的标准图谱(图 1-3-3)。亦可用商品标准 DNS-氨基酸制作层析图谱。

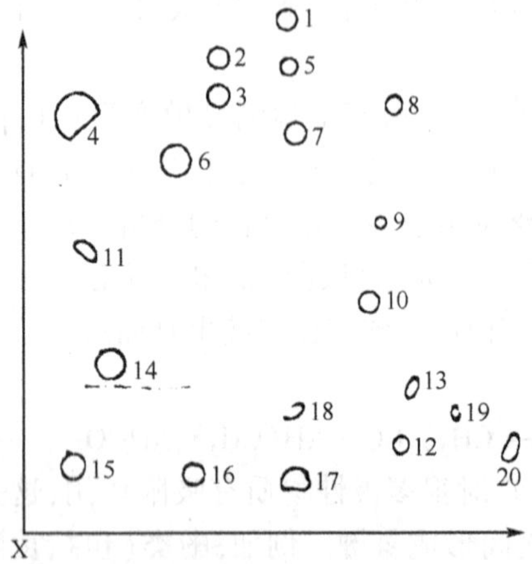

图 1-3-3 DNS-氨基酸双向层析图谱

1. 脯氨酸；2. 异亮氨酸；3. 亮氨酸；4. 酪氨酸；5. 缬氨酸；6. 苯丙氨酸；7. 蛋氨酸；8. DNS-NH_2；9. 丙氨酸；10. 甘氨酸；11. 赖氨酸；12. 丝氨酸；13. 苏氨酸；14. 色氨酸；15. 半胱氨酸；16. DNS-OH；17. 天冬氨酸；18. 谷氨酸；19. 组氨酸；20. 精氨酸

3. 蛋白质的氨基酸组成的 DNS 分析 取 1 ~ 5nmol 的蛋白质或肽的样品置水解管中，加 0. 3ml 5. 7mol/L 恒沸点盐酸，在真空或通氮下封管，于 110℃烘箱中水解 18 ~ 24 小时。水解后，开管，真空蒸发除去盐酸，加少量无离子水，再蒸干，重复 2 ~ 3 次以除尽盐酸。加入 0. 5ml 0. 2mol/L 碳酸氢钠溶液，转移到玻管中，加入 0. 5mlDNS-Cl 丙酮溶液，用 1mol/L 氢氧化钠调 pH 至 9. 0 ~ 9. 5，混匀，塞好，放 40℃烘箱中保温 2 小时，或室温(20℃左右)放置 2 ~ 4 小时。在反应过程中样品由黄色转变为浅绿至白色。然后将玻管放置真空干燥器中蒸去丙酮。加少量水，用 1mol/L 盐酸调 pH 至 2 ~ 3。再用乙酸乙酯抽提 2 ~ 3 次，每次约用 0. 5ml，在细长滴管中分层，将上层抽提液合并于指形管，抽去乙酸乙酯，保存于干燥器中。用前加少量丙酮溶解。按后面所述层析溶剂系统进行层析。对照 DNS-氨基酸标准图谱(图 1-3-3)，便可鉴定出各种氨基酸。由此得知蛋白质样品的氨基酸组成。

4. 蛋白质及肽的 N 末端氨基酸的 DNS 分析 取 0. 2 ~ 0. 5mg 胰岛素(或其他可供分析用的蛋白质或肽)，置于具塞玻管中，用少量水溶解后，加入 0. 5ml 0. 2mol/L 碳酸氢钠溶液，再加入 0. 5ml DNS-Cl 丙酮溶液，用 1mol/L 氢氧化钠溶液调 pH 至 9. 0 ~ 9. 5，塞好，于 40℃烘箱保温 2 小时，或室温下放置 2 ~ 4 小时。反应后，真空蒸去丙酮，加 0. 5ml 5. 7mol/L 盐酸并移至水解管，抽真空封管。于 110℃ 水解 18 ~ 24 小时，开管后蒸去盐酸，加少量水，再蒸干，重复 2 ~ 3 次以除尽盐酸，临用前加数滴丙酮，然后按后面所述层析溶剂系统进行层析。对照 DNS-氨基酸标准图谱（见图 1-3-3），可初步确定蛋白质样品的 N 末端氨基酸（已知胰岛素 A、B 链的 N 末端分别为甘氨酸和苯丙氨酸）。

5. 样品的聚酰胺薄膜层析法

（1）点样：同步骤 1(2)。

（2）展层：同步骤 1(2)。

展层溶剂系统：①甲酸（88%）：水 = 1.5：100（*v/v*）。②苯：冰乙酸 = 9：1（*v/v*）。③乙酸乙酯：甲醇：冰乙酸 = 20：1：1（*v/v/v*）。④0.05mol/L 磷酸三钠溶液：乙醇 = 3：1（*v/v*）。

要点：若只需单向层析即用系统①，要进行双向层析时，为便于吹干，可先用系统②，③④为第Ⅰ向，展层后取出再用系统①为第Ⅱ向，这样可节省时间。但有时遇到聚酰胺薄膜质地不均匀，如先用系统②展层后就有“爆皮”现象，无法再走第Ⅱ向。遇到这种情况仍可用系统①为第Ⅰ向。但展层后因含水，需要充分吹干，最好晾过夜，次日再走第Ⅱ向。系统②+③是先做系统②，取出后在同一方向再用系统③层析，只要走 1/2 的距离，目的是把 DNS-谷氨酸和 DNS-天冬氨酸，DNS-苏氨酸和 DNS-丝氨酸，DNS-丙氨酸和 DNS-NH_2 分开。用系统④把 DNS-精氨酸、DNS-组氨酸，DNS-ε-赖氨酸分开。

（3）检测：DNS-氨基酸用波长 360nm 或 280nm 的紫外灯检测，在图谱上除看到呈黄色荧光的 DNS-氨基酸斑点外，还有其他颜色的杂点，这是因为试剂中含少量氨和杂质。DNS-Cl 试剂水解产物含 DNS-OH，但容易区分，不影响鉴定。而 DNS-NH_2 和 DNS-丙氨酸可用系统③区别开。

【器材】 聚酰胺薄膜、小干燥器或小钟罩、真空干燥器、具塞磨口试管（5ml）及指形样品管、毛细管、烘箱、紫外分析仪、小培养皿、电吹风、层析缸、pH 试纸。

【试剂】

（1）正常人血清预处理：取 0.5ml 正常人血清于离心管中，加无水乙醇 1.5ml，沉淀蛋白质（注意无水乙醇要求一滴一滴地加，且一边加一边摇），置冰箱（4℃）2 小时后离心，取上清液于具塞小试管中，置 80 ~ 90℃ 蒸干备用。

（2）样品：层析纯标准氨基酸、胰岛素或其他可供分析用的蛋白质或肽。

（3）DNS-Cl 丙酮溶液：配制成 2.5mg/ml 丙酮溶液，储于棕色瓶中，置冰箱保存，1 个月内稳定。

（4）5.7mol/L 重蒸盐酸溶液或 6mol/L 盐酸溶液。

（5）1mol/L 盐酸溶液。

（6）1mol/L 氢氧化钠溶液。

（7）0.2mol/L 碳酸氢钠溶液。

（8）苯。

（9）冰乙酸。

（10）88% 甲酸溶液。

（11）甲醇。

（12）乙酸乙酯。

（13）0.05mol/L 磷酸三钠溶液。

(14) 乙醇。

实验八　凝胶层析(分子筛层析法)分离蛋白质

【目的】

(1) 掌握凝胶通透层析基本原理。

(2) 熟悉凝胶通透层析法的操作。

(3) 熟悉物质在层析柱中洗脱行为与分配系数的关系。

【原理】 凝胶层析是指混合物随流动相流经作为固定相的凝胶层析柱时,混合物中各物质因分子大小不同而被分离的技术。凝胶颗粒是一类具有三维空间多孔性网络结构的物质,不带电荷,可起滤过或“筛”的作用,故又称为凝胶过滤或分子筛层析(gel chromatography)。

在实际操作中,把合适的凝胶颗粒装填在层析柱内(玻璃或塑料制品),再把待分离的混合物自柱顶加入,然后用合适的洗脱液进行洗脱。在洗脱过程中,混合物中各物质主要依据分子大小进行层析分配。分子质量大的物质,因分子的直径较大,不能进入凝胶颗粒的网孔内,被排阻在凝胶颗粒外部,即只分布在凝胶颗粒的间隙中,沿着这些间隙流动,因此它们流速较快,在洗脱液的“冲洗”下,先流出柱外。那些分子质量小的物质,因分子的直径较小,能够进入凝胶颗粒的网孔,即被滞留在凝胶颗粒内部。在洗脱过程中,这些较小分子的洗脱行为是先在孔隙中间扩散,然后进入凝胶颗粒内部,再被洗出至孔隙,再进入颗粒内部。如此不断地出入,直至这些物质被洗出柱外。由于洗脱的“路径”较长,因而它们被后洗脱出来。总之在洗脱液的洗脱下,混合物中分子质量最大的物质最先出柱,分子质量最小的物质最后出柱;介乎中间的物质,则分子质量愈大洗出愈快,分子质量愈小洗出愈慢。这样,不同的物质就被分离。葡聚糖凝胶层析过程如图1-3-4。

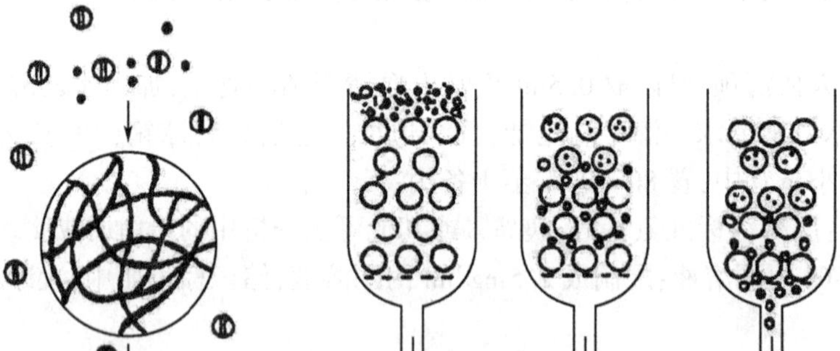

图1-3-4　葡聚糖凝胶层析过程

○代表凝胶颗粒;◎ 代表大分子;•代表小分子;A. 待分离的混合物在凝胶柱表面;B. 样品进入凝胶柱,小分子进入凝胶颗粒内,大分子随溶液流动;C. 大分子行程短,流出层析柱,小分子缓慢流动

混合物中各物质在凝胶柱内层析时的洗脱行为和各自的分配系数 K_d 有关:$K_d=(V_e-V_o)/V_i$。式中:K_d 为样品组分在两相间(凝胶颗粒内部和外部)的分配系数。V_e 为洗脱体积,即被分离物质通过层析柱(完全洗脱出来)所需的洗脱液体积(ml)。在实际工作中,是从加样起算,到该组分最大浓度,即洗脱峰顶出现所需的洗脱液体积。V_o 为层析柱床中溶

胀凝胶颗粒间隙中液体所占的体积(ml),即空隙的总容积,也称外水体积。实际工作中,可用已知被完全排阻的大分子物质测得,如蓝色葡聚糖-2000(blue dextran 2000),相对分子质量为2000。V_i 为层析柱中溶胀凝胶颗粒内部所含水相的总体积(ml),也称内水体积,可由凝胶重量(g)和得水值 W_a 的乘积(即 $g \cdot W_a$)求得。

K_d 是衡量溶质分子被阻滞程度的一个特征性常数。某一物质的 K_d 值,只要测得其 V_o,就可通过上式求得。以上关系可用图1-3-4来表示。在洗脱过程中,被洗脱成分的洗脱行为可以有三种可能的情况:

(1) $V_e = V_o$,表示被洗脱的某成分流经层析柱全程所需的洗脱液体积和凝胶颗粒间隙的总体积相等。也就是说,该成分的分子全部被排阻在凝胶颗粒的间隙中,而未进入凝胶颗粒内部,因而洗脱速度最快,被最先洗脱出来。即该成分的 $K_d = 0$(图1-3-4中组分A)。

(2) $V_i = V_e - V_o$,表示某成分被洗脱出来所需洗脱液的总体积和凝胶颗粒外部孔隙的总体积之差,等于凝胶颗粒内部的总体积。也就是说,该成分不被排阻而可完成进入凝胶颗粒内部,即被滞留。因而洗脱速度最慢,被最后洗脱出来,即该成分的 $K_d = 1$(图1-3-4中组分C)。

(3) K_d 值介于0~1之间,大多数被分离物质都属于这种情况。在此范围内,物质的洗脱速度随其 K_d 值的增加而降低,K_d 值越大,被排阻的程度越小,即被滞留的程度越大,洗脱速度越慢;反之,K_d 值越小,被排阻在外的程度越大,洗脱速度越快。一般物质的 K_d 值是 $0<K_d<1$(图1-3-5中组分b)。

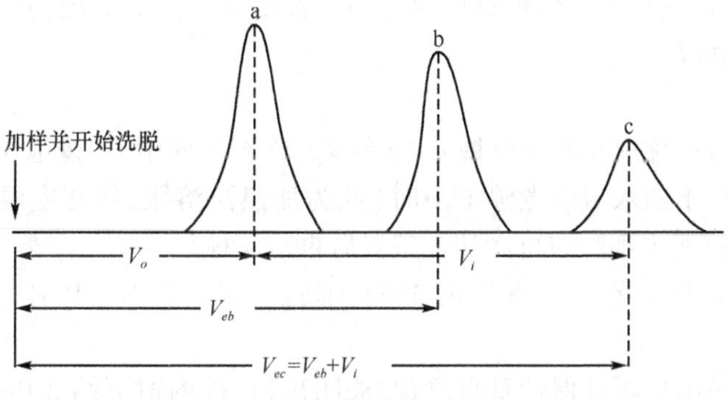

图1-3-5　凝胶层析洗脱图

V_o 表示内水体积,V_i 表示内水体积,V_eb 和 V_ec 表示组分 *b* 和 *c* 的洗脱体积

凝胶过滤层析的主要应用有以下四方面。

1) 依据分子大小进行的蛋白质的纯化。凝胶过滤可用于蛋白质纯化中的任何阶段。但在层析过程中样品会发生数倍稀释,因而不利于得到高浓度的纯品,并且增加了样品的损失。

2) 蛋白质纯化过程中或纯化后的脱盐,与透析法比较,凝胶过滤层析除盐速度快,不影响生物大分子的活性。

3) 蛋白质相对分子质量的测定。

4) 研究蛋白质二聚体或寡聚体的存在。

在实际工作中,应用较广的是天然琼脂糖凝胶和人工合成的交联葡聚糖凝胶,前者的商品名为Sepharose,后者为Sephadex(表1-3-2)。

表 1-3-2　葡聚糖凝胶(G)类

型号	分离范围(相对分子质量)		吸水量	膨胀体积	浸泡时间(小时)	
	蛋白质	多糖	(克/克干凝胶)	(毫升/克干凝胶)	20~25℃	90~100℃
G-10	<700	<700	1.0±0.1	2~3	3	1
G-15	<1500	<1500	1.5±0.2	2.5~3.5	3	1
G-25	1 000~5 000	100~5 000	2.5±0.2	4~6	3	1
G-50	1 500~30 000	500~10 000	5.0±0.3	9~11	3	1
G-75	3 000~70 000	1 000~50 000	7.5±0.5	12~15	24	3
G-100	4 000~150 000	1 000~100 000	10±1.0	15~20	72	5
G-150	5 000~400 000	1 000~150 000	15±1.5	20~30	72	5
G-200	5 000~800 000	1 000~200 000	20±2.0	30~40	72	5

本实验将蓝葡聚糖 2000(相对分子质量 2000 000)、细胞色素 *c*(相对分子质量 17 000)和 DNFP-甘氨酸(相对分子质量 500)的混合物通过交联葡聚糖凝胶 G-50(SephadexG-50)的层析柱以蒸馏水为洗脱溶剂进行洗脱。蓝葡聚糖 2000 相对分子质量最大全部被排阻在凝胶颗粒的间隙中,而未进入凝胶颗粒内部,因而洗脱速度最快,最先流出柱,其 $V_e=V_o$,即 $K_d=0$。DNFP-甘氨酸,分子量最小不被排阻而可完全进入凝胶颗粒内部洗脱速度最慢,最后流出柱,其 $V_e=V_i+V_o$,即 $K_d=1$。细胞色素 *c* 分子质量在上述二者之间,其洗脱速度居中,可以直接从蓝、红、黄三种不同颜色直接观察到三种物质分离的情况,并通过洗脱体积可以计算 V_i、V_o 和各自的 K_d。

【操作】

(1) 凝胶的准备:称取交联葡聚糖 G-50 约 4g,置于烧杯中,加蒸馏水适量平衡几次,倾去上浮的细小颗粒,于沸水浴中煮沸 1 小时(此为加热法溶胀,如在室温溶胀,需放置 3 小时),取出,倾去上层液中细颗粒待冷却至室温后再行装柱。

(2) 样品制备:取配制好蓝葡聚糖 2000、细胞色素 *c* 和 DNFP-甘氨酸各 0.3ml,混合即可。

(3) 装柱:洗净的层析柱保持垂直位置,关闭出口,柱内留下约 2.0ml 洗脱液。一次性将凝胶从塑料接口加入层析柱内,打开柱底部出口,接通蠕动泵调节流速为 0.3ml/min。凝胶随柱内溶液慢慢流下而均匀沉降到层析柱底部,最后使凝胶床沉降达 20cm 高,操作过程中注意不能让凝胶床表面露出液面,以防止层析床内出现“纹路”。在凝胶表面可盖一圆形滤纸,以免加入液体时冲起胶粒。

(4) 加样:用滴管吸去凝胶床面上的溶液,使洗脱液恰好流到床表面,关闭出口,小心地把样品(约 0.5ml)沿壁加于柱内成一薄层。切勿搅动床表面,打开出口使样品溶液渗入凝胶内并开始收集流出液,计量体积。

(5) 洗脱与收集:样品流完后,分三次加入少量洗脱液洗下柱壁上样品,最后接蠕动泵调节洗脱液流速为 0.3ml/min,用部分收集器收集,每管 1ml。仔细观察样品在层析柱内的分离现象。用肉眼观察并以(-)、(+)、(++)、(+++)符号记录三种物质洗脱液的颜色及深浅程度。

(6) 绘制洗脱曲线:以洗脱体积为横坐标,洗脱液的颜色度(-)、(+)、(++)、(+++)为纵坐标(相对指示出洗脱液内物质浓度的变化),在坐标纸上作图,即得洗脱曲线。

（7）计算凝胶柱的 V_o、V_i 和细胞色素 c 的 K_d。

【器材】 玻璃层析柱 1cm×25cm。

【试剂】

（1）交联葡聚糖 G-50。

（2）蓝葡聚糖 2000：配成 6mg/ml 溶液。

（3）细胞色素 c：配成 6mg/ml 溶液。

（4）DNFP-甘氨酸（二硝基氟苯-甘氨酸）：称取甘氨酸 0.15g 溶于 10% $NaHCO_3$ 溶液 1.5ml 中，此液 pH 应在 8.5～9.0，另取二硝基氟苯（DNFP）0.15g，溶于微热的 95% 乙醇溶液 3ml 中，待其充分溶解后，立即倒入甘氨酸液管中。将此管置于沸水浴煮沸 5 分钟（防止乙醇沸溢），冷却后加两倍体积的 95% 乙醇溶液，可见黄色 DNFP-甘氨酸沉淀，离心 2000r/min，15 分钟弃去上层液，沉淀用 95% 乙醇溶液洗两次，所得沉淀用蒸馏水 1ml 溶解即为 DNFP-甘氨酸液，备用。

实验九　离子交换层析分离氨基酸

【目的】

（1）掌握离子交换层析技术的基本原理和方法。

（2）了解离子交换层析分离氨基酸的基本原理和操作。

【原理】

（1）离子交换层析原理：离子交换层析是指流动相中的离子与靠静电引力结合在固定相（离子交换剂）上的离子进行可逆性交换的过程，它可用于分离各种可解离的物质。

离子交换剂是在一种高分子的不溶性载体上结合上若干活性基团（含可解离的离子），这样人工合成的离子交换剂具有各种的性能。作为不溶性载体的高分子有树脂、纤维素、葡聚糖、琼脂糖或无机聚合物等。

结合上的活性基团如酸性基团，就组成阳离子交换剂，根据酸性基团解离能力强弱，阳离子交换剂可分为强酸型的含有磺酸基（$—SO_3H$）、中强酸型的含有磷酸基（$—H_2PO_3$）、弱酸型的含有羧基（—COOH）或酚羟基（—OH）。

结合上的活性基因如碱性基团，就组成阴离子交换剂，根据碱性基团解离能力强弱，阴离子交换剂也可分为强碱型的如含有季铵[$—N^+(CH_3)_3$]、弱碱型的含有叔胺[$—N(CH_3)_2$]、仲胺（$—NHCH_3$）、伯胺（$—NH_2$）等。

离子交换剂的作用原理如下：

阳离子交换剂分子中具有酸性基团，能和流动相中的阳离子进行交换。

如：$R—SO_3^-H^+ + Na^+ \longleftrightarrow R—SO_3^-Na^+ + H^+$

阴离子交换剂分子中具有碱性基团，能和流动相中的阴离子进行交换。

如：$R—N^+(CH_3)_3OH^- + Cl^- \longleftrightarrow R—N^+(CH_3)_3Cl + OH^-$

流动相中，不同离子化合物带电荷多少不同，与离子交换剂相互作用的强弱也不同，当它们被结合到固定相活性基团上以后，可以用提高流动相中离子强度或改变 pH 的办法，把它们从离子交换柱上依次洗脱下来，达到分离纯化的目的。

在实际工作中，可根据被分离物质所带电荷的种类、分离物分子的大小及数量等选用适当类型的离子交换剂（表 1-3-3）。

表 1-3-3 几种常用的离子交换纤维素和离子交换葡聚糖凝胶

交换剂名称			缩写	功能基团
阳离子交换剂	弱酸型	羟甲基纤维素	OM	羟甲基—OCH_2COOH
	强酸型	乙基磺酸纤维素	SE	磺酸乙基—OCH_2CH_2SOOOH
		磺丙基葡聚糖凝胶 G-25	Sp-SephadexG-25	磺丙基—C_8H_6SOOOH
		磺丙基葡聚糖凝胶 G-50	Sp-SephadexG-50	磺丙基—C_8H_6SOOOH
阳离子交换剂	弱碱性	二乙基氨基乙基纤维素	DEAE-Celluose	二乙基氨基乙基—$OCH_2CH_2NC_2H_5C_2H_5H$
	强碱型	二乙基氨基乙基葡聚糖凝胶	A25 DEAE-SephadexA-25	二乙基氨基乙基—$OCH_2CH_2NC_2H_5C_2H_5H$
		二乙基氨基乙基葡聚糖凝胶	A50 DEAE-SephadexA-25	二乙基氨基乙基—$OCH_2CH_2NC_2H_5C_2H_5H$

（2）本实验选用 Dowex 50 作为离子交换剂，它是含磺酸基团的强酸型阳离子交换剂，分离的样品为 Asp、Gly、His 三种氨基酸的混合液，这三种氨基酸分别属于酸性氨基酸、中性氨基酸和碱性氨基酸，它们在 pH 4.2 的缓冲液中分别带负电荷和不同量的正电荷，与 Dowex 50 的磺酸基团之间亲和力不同，因此被洗脱下来的顺序亦不同，可以将三种不同的氨基酸分离开来，将各收集管分别用茚三酮显色鉴定。

【操作】

（1）装柱前准备：用流水冲洗层析柱，然后用蒸馏水冲洗，柱流水口装上橡皮管放入 2～3ml 蒸馏水，按压橡皮管内气泡，抬高流出管防止蒸馏水排空。

（2）装柱：将处理好的 Dowex50 悬液小心倒入层析柱内，待 Dowex 50 自然下沉至柱下部时，打开下端放出液体，再慢慢加入悬液至 Dowex 50 沉积面离层析柱上缘约 3cm 时停止。装柱时注意防止液面低于交换树脂平面以及气泡的产生。

（3）平衡：用 pH 4.2 枸橼酸钠缓冲液反复加在柱床上面，平衡 10 分钟，最后接通蠕动泵，调节流速 1ml/min。

（4）加样：柱内缓冲液的液面与树脂平面相平，但勿使树脂露出液面，马上用乳头滴管加 7 滴样品在树脂表面（注意不能使树脂平面破坏），然后加少量缓冲液使样品进入柱内，反复两次，当样品完全进入树脂床后，接通蠕动泵，用 pH 4.2 的枸橼酸钠缓冲液洗脱，部分收集器收集。

（5）收集与检测：取 12 支试管编号，每管即加入茚三酮显色液 20 滴，依次收集洗脱液每管 2ml，混匀，置沸水浴 15 分钟取出，观色，用自来水冷却后在波长 570mm 处比色、当收集至第二次洗脱峰刚出现时（茚三酮显色），即换用 0.1mol/L NaOH 溶液洗脱直至第三次洗脱峰出现后，停止洗脱。

（6）树脂的再生：用 0.1mol/L NaOH 溶液洗脱层析柱 10 分钟。

（7）回收树脂：拔去橡皮接收管用洗耳球，对着玻璃流出口将树脂吹入装树脂的小瓶内加上 0.1mol/L NaOH 溶液浸泡。

（8）洗脱曲线的绘制：以吸光度为纵坐标，洗脱体积为横坐标绘制曲线。

【器材】 7220 型分光光度计、层析柱（0.8cm×18cm）。

【试剂】

（1）0.1mol/L NaOH 溶液：称取 4.0g 氢氧化钠溶于 1000ml 蒸馏水中。

（2）氨基酸混合液：Gly、Asp、His 各 10mg 溶于 30ml 0.06 mol/L pH 4.2 枸橼酸钠缓冲液中。

（3）0.06mol/L pH 4.2 枸橼酸钠缓冲：取枸橼酸三钠 · $2H_2O$ 98.0g 溶于蒸馏水中，再加入 42ml 12mol/L HCl 和 6ml 80% 苯酚（现用可不加苯酚）最终加蒸馏水至 5000ml，用 pH 计调溶液 pH 至 4.2。

（4）茚三酮显色液：称取 85mg 茚三酮和 15mg 还原茚三酮，用 10ml 乙二醇溶解。

（5）Dowex 50 的处理；Dowex 50 用蒸馏水充分浸泡后，用 6mol/L HCl 溶液浸泡煮沸 1 小时，然后用蒸馏水洗去 HCl 至树脂呈中性，换 15% NaOH 浸泡 1 小时，用蒸馏水洗去 NaOH 至树脂 pH 呈中性，最后用 pH 4.2 枸橼酸钠缓冲液浸泡备用。

实验十　亲和层析纯化血清 IgG

【目的】

（1）熟悉亲和层析的基本原理。

（2）了解亲和层析在抗体纯化中的应用。

【原理】　亲和层析是利用一种特殊吸附剂作固定相，根据溶液中生物分子化学结构与功能的不同进行选择性（专一性）及可逆性吸附，通过适当方法进行解吸附。亲和层析特异性强、简便和高效，能在温和条件下操作，对含量少又不稳定的活性物质更为有效。还可以从样品中除去大量杂质，从而得到高产率的纯化产物，因此被广泛应用于蛋白质、酶及重组蛋白质等的分离纯化中。但并不是任何生物物质都具有特定配基，因此亲和层析有一定的局限性。

金黄色葡萄球菌细胞壁上的 A 蛋白能够牢固地结合于免疫球蛋白重链 Fc 段的第二和第三恒定区，因而每一分子 IgG 含有两个 A 蛋白结合位点，人、家兔、豚鼠的 IgG 与 A 蛋白结合最牢固，亲和力递减顺序是猪、鼠、马、母牛。可先将 A 蛋白结合在载体 Sepharose 上成为 A 蛋白-Sepharose 层析柱，进行柱层析分离 IgG。

【操作】

（1）装填一支 A 蛋白-Sepharose 层析柱，按厂家说明书以 100mmol/L Tris · HCl（pH 8.0）平衡，每 1ml 溶胀凝胶能吸附 10 ~ 12mg 的 IgG 纯品。A 蛋白-Sepharose 十分昂贵，应节约使用，用以灭菌玻璃棉封堵的巴斯德吸管装填 1ml 层析柱，所制备的 IgG 可以满足大多数的实验需要。

（2）加 1/10 体积的 1mol/L Tris · HCl（pH 8.0）于抗体样品（血清或单克隆抗体，后者来自在组织培养中或在小鼠腹腔内生长的杂交瘤）。

从健康动物中采集的血清其 IgG 含量大约是 10mg/ml，而杂交瘤上清或腹水中的抗体浓度相差悬殊，前者范围在 10 ~ 100μg/ml，后者为 1 ~ 20mg/ml。血清中抗体浓度可通过 SDS-聚丙烯酰胺凝胶电泳进行分析，可把待测样品与一组免疫球蛋白标准品放在同一凝胶中电泳，将重链和轻链的染色强度同标准品加以比较以进行定量。如果样品溶液中所含蛋白质主要为抗体（如腹水或分泌能力强的杂交瘤细胞培养液上清），可根据溶液的紫外吸收值 OD_{280} 估计出抗体的大致含量（$1OD_{280}$ = 0.75mg/ml IgG 纯品）。

（3）将抗体加样于柱上，依次以 10 倍柱床体积的 100mmol/L Tris · HCl（pH 8.0）和 10 倍柱床体积的 10mmol/L Tris · HCl（pH 8.0）洗柱。

（4）加入 1 倍柱床体积的 100mmol/L 甘氨酸（pH 3.0），开始收集样品，每支微量离心管内先加入 50μl 1mol/L Tris · HCl（pH 8.0），每管收集流出组分 500μl。

（5）一旦柱床将要流干，则再加入 1 倍柱床体积的 100mmol/L 甘氨酸（pH 3.0），继续收集样品,重复这一过程直到洗脱体积达 5 倍柱床体积。

(6) 以洗脱缓冲液作空白对照,在 280nm 测定收集样品的吸光值以检出 IgG 组分。流出组分中 IgG 的浓度至少为 1mg/ml(OD_{280} 为 1. 33)。

(7) 分装成小份保存。

(8) 依次使用 10 倍柱床体积的 3mol/L 尿素、1mol/L LiCl 和 100mmol/L 甘氨酸(pH 2. 5)流洗柱床以去除残留蛋白,最后用 10 倍柱床体积的 100mmol/L Tris · HCl(pH 8. 0)重新调节柱床 pH 到 8. 0,层析柱可放在含 0. 02% 叠氮钠的 100mmol/L Tris · HCl(pH 8. 0)溶液中,保存于 4℃。

【注意事项】 叠氮钠有毒,使用中应戴手套谨慎操作,含有叠氮钠的溶液应标记清楚。

【器材】 玻璃层析柱。

【试剂】

(1) 1mol/L Tris · HCl 缓冲液(pH=8. 0)。

(2) 100mmol/L Tris · HCl 缓冲液(pH=8. 0)。

(3) 10mmol/L Tris · HCl 缓冲液(pH=8. 0)。

(4) 100mmol/L 甘氨酸溶液(pH=3. 0)。

(5) 3mol/L 尿素溶液。

(6) 1mol/L LiCl 溶液。

(7) 100mmol/L 甘氨酸溶液(pH=2. 5)。

(8) 叠氮钠。

第四章　电泳技术

一、概　　述

（一）电泳的发展与应用

带电颗粒在电场的作用下，向着与其电性相反的电极方向移动，称为电泳（electrophoresis）。电泳现象在1808年被发现，但作为分离技术是1937年瑞士科学家Tiselius建立“界面电泳”才实现。他利用U形玻管创造了Tiselius电泳仪，利用移动界面电泳方法首次成功地将血清蛋白质分成几个组分（清蛋白及α、β、γ球蛋白），并因此于1948年获得诺贝尔奖。1948年Wieland等以滤纸作为支持物，使电泳技术大为简化。之后，由于采用多种新型支持物（如乙酸纤维素薄膜、凝胶等），仪器装置亦得到不断改进，出现了许多新型的电泳技术。

随着技术的发展，对电泳结果的分析处理建立了各种检测方法：染色、扫描、紫外吸收、放射自显影、生物活性测定等。目前，电泳技术已广泛用于生物化学与分子生物学、医学、药学、食品、农业、卫生及环保等学科中，应用电泳技术可以使许多复杂高分子化合物，如蛋白质、酶、核酸等进行分离，还可用于某种物质纯度分析，结合其他层析法等分离技术可以提高对物质的结构分析和鉴别能力。

（二）电泳的分类

目前所采用的电泳方法可分为三类：自由界面电泳、区带电泳和稳态电泳。

自由界面电泳（又称移动界面电泳）：指以溶液为介质进行的没有固体支持介质的电泳。

区带电泳：指有固体支持介质的电泳，在某一固体支持介质上，将一种混合物分离成若干条区带的电泳过程。

稳态电泳：指分子颗粒的迁移在一定的时间内即可达到稳态，达到稳态后，带的宽度不随时间而改变、如等电聚焦电泳。

区带电泳是当前应用最广泛的电泳技术，区带电泳的分类如下：

1. 按其支持物的物理性状分类

（1）滤纸及其他纤维（如玻璃纤维、乙酸纤维、聚氯乙烯纤维薄膜）电泳。

（2）凝胶电泳：如琼脂、聚丙烯酰胺凝胶、淀粉凝胶电泳。

（3）粉末电泳：如纤维素粉、淀粉、玻璃粉电泳。

（4）线丝电泳：如尼龙丝、人造丝电泳，此为微量电泳方法。

2. 按支持物的装置形式不同分类

（1）平板式电泳：支持物水平放置，是最常用的电泳方式。

（2）垂直板式电泳：如聚丙烯酰胺凝胶可做成垂直板式电泳。

（3）垂直柱式电泳：如聚丙烯酰胺凝胶盘状电泳。

（4）其他：如连续液动电泳。

3. 按 pH 的连续性不同分类

（1）连续 pH 电泳：即整个电泳过程 pH 保持不变，如常用的纸电泳、乙酸纤维薄膜电泳等。

（2）非连续 pH 电泳：缓冲液和电泳支持物间有不同的 pH 的电泳、如聚丙烯酰胺凝胶盘状电泳、等电聚焦电泳等。

二、电泳基本原理

溶液中任何物质由于其本身基团的解离作用或由于表面吸附其他带电基团，都可成为带电颗粒。例如，蛋白质分子是两性电解质，在一定的 pH 条件下，就会解离而带电。带电的性质和多少决定于蛋白质分子的性质（pI）及溶液的 pH 和离子强度。当 pH = pI 时，蛋白质分子净电荷等于零，在电场中不移动；当 pH<pI 时，蛋白质分子带正电荷，在电场中向负极移动；当 pH>pI 时，蛋白质分子带负电荷，在电场中向正极移动。

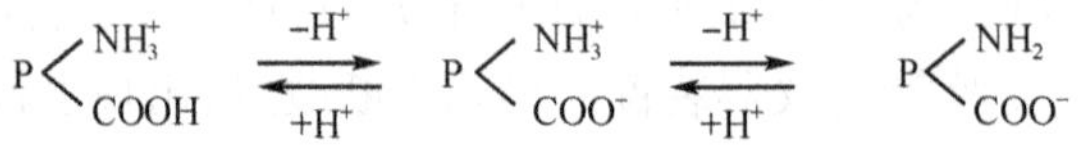

不同带电颗粒其电荷量不同，在电场中泳动速度不同。电泳技术就是由于各种带电颗粒在电场中迁移率不同而进行分离。带电颗粒在单位电场强度下的泳动速度称为迁移率（mobility，m）。即 $m = V/E$，式中 E 为电场强度，V 为颗粒电泳速度。迁移率是带电颗粒的一个物理常数。

影响电泳的因素主要有以下几种。

1. 带电颗粒的物理性状 包括带电颗粒电荷数、颗粒大小、形状和空间构型。在电场中，带电颗粒所受的作用力（F）与电场强度（E）、带电颗粒的净电荷量（Q）有关：$F = EQ$；同时带电颗粒在泳动时受到的阻力（F'）服从 stock 定律，与带电颗粒的半径（r），溶液的黏度（η）有关，$F' = 6\pi r\eta V$。式中 V 为电泳速度。当两种相反作用的力达到平衡时 $F = F'$，则 $EQ = 6\pi r\eta V\upsilon$，即 $m = V/E = Q/6\pi r\eta$。从公式可知，带电颗粒电荷量愈多，电泳速度越快，颗粒形状越大，与支持物介质摩擦越大，电泳速度越小。

2. 支持物介质 目前常用的电泳支持物主要有纤维薄膜（玻璃纤维薄膜、乙酸纤维薄膜）和凝胶（琼脂凝胶、聚丙烯酰胺凝胶）。支持物的结构、性质对迁移率的影响有三方面。

（1）吸附作用：有的支持物对样品有滞留作用，造成脱尾现象而降低分辨力。

（2）电渗作用：有些支持物为多孔结构，多孔支持物表面可吸附电极溶液中的正离子或负离子使靠近支持物的溶液层相对带电。在电场作用下，溶液就会向一定方向移动。这种在电场作用下液体对固体支持物相对移动的现象称为电渗。若电渗作用的方向和电泳作用的方向一致，则物质移动是电渗和电泳作用之和，反之是二者作用之差。

（3）分子筛作用：凝胶支持物结构的孔隙对带电颗粒分子产生阻力，分子大的在凝胶中泳动速度慢，分子小的泳动速度快（详见凝胶电泳）。

3. 缓冲溶液 缓冲溶液是电泳中的导体，其种类、pH、离子强度直接影响电泳的效率。不同的电泳方法可选择不同的缓冲溶液。

（1）pH：溶液的 pH 决定带电颗粒的解离程度，即决定其所带净电荷的量，对蛋白质而言，pH 离 pI 越远，则颗粒净电荷越多，泳动速度越快，反之，则越慢。因此，应选择合适的 pH，使各种蛋白质所带电荷差异较大，有利于彼此分开，为使电泳过程溶液 pH 恒定，必须采用具有一定缓冲能力的缓冲溶液。

（2）离子强度：一般最适的离子强度在 0.02～0.2，计算方法为：

$$I = 1/2 \sum CZ^2$$

式中：I 为离子强度，C 为离子的摩尔浓度，Z 为离子的价数。溶液的离子强度越高，则电泳速度越慢。其主要由于带电荷相反的溶液离子会吸引到被分离带电颗粒的周围形成离子扩散层，结果导致被分离颗粒电动电势降低，速度越慢。反之，则越快。但离子强度过低，溶液的缓冲能力减弱，不易维持所需 pH，反而会影响颗粒带电荷状态影响电泳。

（3）溶液黏度：迁移率与溶液黏度呈反比关系，因此会影响电泳速度。

4. 电场强度　电场强度是电泳支持物上每厘米的电位降，也称电势梯度。电场强度对电泳速度起着决定性作用，电场强度越高，电泳速度越快。但随着电压的增加，电流加大，产生热效应，可导致：①样品和缓冲离子扩散速度增加，引起样品分离带的加宽；②产生对流，引起待分离物的混合；③引起蛋白变性；④引起介质黏度降低、电阻下降等。所以，电泳实验中要选择适当的电场强度，需要时要配备冷却水系统。

实验十一　血清蛋白乙酸纤维素薄膜电泳

【目的】

（1）熟悉乙酸纤维素薄膜电泳方法及在分离血清蛋白中的应用。

（2）熟悉乙酸纤维素薄膜电泳的基本操作。

【原理】　蛋白质是兼性离子。由于组成蛋白质分子的氨基酸种类和数目不同，各种血清蛋白质的分子量和等电点也不相同。在同一条件下（电场强度、电渗、温度、缓冲液 pH 和离子强度等），它们电泳速度各不相同，因而可以分离。本实验以乙酸纤维素薄膜为支持物，血清中蛋白质的等电点大部分低于 7，在 pH 8.6 缓冲液中带负电荷，在电场中向正极移动。电泳后根据血清蛋白移动快慢，可依次分为清蛋白、α_1-球蛋白、α_2-球蛋白和 β-球蛋白和 γ-球蛋白五个区带，染色后显出清晰色带。由于各蛋白质色带含量与染料结合量基本成正比，可将各色带剪开，分别溶于碱性溶液中，用分光光度法计算各种蛋白质的百分数，也可以将染色后的膜条直接扫描测定。

1957 年 Kohn 首用乙酸纤维素薄膜电泳后，因具有微量快速、操作简便，分离清晰、电渗小无拖尾等优点，可用于血清蛋白、脂蛋白、糖蛋白、血红蛋白、结合球蛋白及同工酶的分离和测定，应用日渐广泛。

【操作】

1. 准备　取 2cm×8cm 乙酸纤薄膜，在膜粗面的一端 1.5cm 处用铅笔轻画一横线，表示点样位置，将膜浸入巴比妥缓冲液中充分浸透，取出，用滤纸吸去水分。在电泳槽两边盛入巴比妥缓冲液，水平平衡，槽架上放置四层滤纸片做桥垫。

2. 点样　用 1.5cm 宽的玻片末端或加样器蘸上一层血清，紧印在膜粗面点样线上使血清全部渗入膜内。

3. 电泳　将膜点样面朝下，两端拉紧贴于电泳槽架的滤纸垫上，点样端在阴极，盖上槽盖，静置平衡 5～10 分钟后通电。电压先 90V，10 分钟；120V（约 10V/cm 长），50 分钟或电流 0.4～0.6mA/cm 宽，45～60 分钟关闭电源。若连续数次电泳，每次正负电极应转换。

4. 染色　电泳完毕，取出膜条，直接浸入氨基黑 10B 染色液中，染色 3～5 分钟取出薄膜，立即浸入漂洗液中，漂洗 3～4 次至背景无色为止，用蒸馏水冲洗后放室温晾干或放干燥箱 100℃以下烘干。

5. 定量 将漂净的膜条上各蛋白色带剪下，另于空白部位剪一平均大小的薄膜条作空白管。将各膜条分别加入 6 支大试管中，清蛋白中加 0.4mol/L NaOH 溶液 10ml，其余各加 5ml，时时摇动，使色泽浸出。约 30 分钟后，用分光光度计 620nm 波长进行测定，读取清蛋白、α_1-球蛋白、α_2-球蛋白、β-球蛋白、γ-球蛋白各管的光密度（*OD*）。

6. 透明 如果样本须保留，待薄膜完全干燥以后，放入透明液中，一浸透即取出平贴于干净玻璃板上，干后即透明。放 40℃温水浸泡 5 分钟可揭起膜吸干保存或用光密度计扫描。

7. 计算 清蛋白（%）= $2\times OD_A/T\times 100\%$

α_1-球蛋白（%）= $OD_{\alpha 1}/T\times 100\%$

α_2- 球蛋白（%）= $OD_{\alpha 2}/T\times 100\%$

β-球蛋白（%）= $OD_{\beta}/T\times 100\%$

γ-球蛋白（%）= $OD_{\gamma}/T\times 100\%$

【正常值】 乙酸纤薄膜电泳血清蛋白正常值：清蛋白（A）55% ~74%，α_1-球蛋白 2% ~5%，α_2- 球蛋白 4% ~9%，β-球蛋白 6.5% ~12%，γ-球蛋白 12% ~20%。

【临床意义】 肝硬化时清蛋白显著降低，γ-球蛋白升高 2 ~3 倍，肾病综合征时清蛋白降低，α_2、β 球蛋白升高。多发性骨髓瘤患者 γ 及 β 球蛋白增加，有时在 β 与 γ 球蛋白之间出现巨球蛋白。原发性肝细胞肝癌时在清蛋白和 α_1-球蛋白之间可出现甲种胎儿蛋白（AFP）。

【器材】 稳流稳压电泳仪、水平电泳槽、比色计、染色缸、乙酸纤维薄膜，点样器等。

【试剂】

（1）巴比妥缓冲液（pH 8.6，0.075mol/L）：称取巴比妥钠 15.45g，巴比妥 2.76g，用蒸馏水配成 1000ml。

（2）染色液：氨基黑 10B 0.5g，甲醇 50ml，冰乙酸 10ml，蒸馏水 40ml 混合配制工作液。

（3）漂洗液：95% 乙醇溶液 45 份，冰乙酸 5 份，蒸馏水 50 份。

（4）0.4mol/L NaOH 洗脱液：取 4gNaOH 加蒸馏水至 250ml。

（5）透明液：冰乙酸 25 ~30ml 加 95% 乙醇溶液 70 ~75ml。

（6）新鲜无溶血血清。

实验十二　聚丙烯酰胺凝胶电泳分离血清蛋白

【目的】

（1）掌握聚丙烯酰胺凝胶电泳原理和方法。

（2）了解该方法在分离血清蛋白中的应用。

【原理】 以聚丙烯酰胺凝胶为支持物的电泳方法称为聚丙烯酰胺凝胶电泳（polyacrylamide gel electrophoresis，PAGE），是在淀粉凝胶电泳基础上发展起来。1959 年首次使用 PAG 为电泳支持物。它是凝胶电泳中的一种最常用而有效的分离蛋白质、核酸的手段，广泛应用于生物化学、分子生物学、免疫学、临床化学、药学等学科的研究。

1. 聚丙烯酰胺凝胶的性能和制备原理

（1）性能：聚丙烯酰胺凝胶的机械强度好，有弹性，透明，相对化学性质稳定，对 pH 和温度变化较稳定，在很多溶剂中不溶，没有吸附和电渗作用。原料成分要采用高纯度制品，通过调节单体的浓度和交联度可以控制孔径大小，对所有蛋白质和肽都有筛分作用，制备凝胶的重复性好。

（2）制备原理：聚丙烯酰胺凝胶是由单体丙烯酰胺（Acr）和少量的交联剂甲叉双丙烯酰胺（Bis），在催化剂的作用下聚合交联而成的三维网状结构的凝胶（图 1-4-1）。

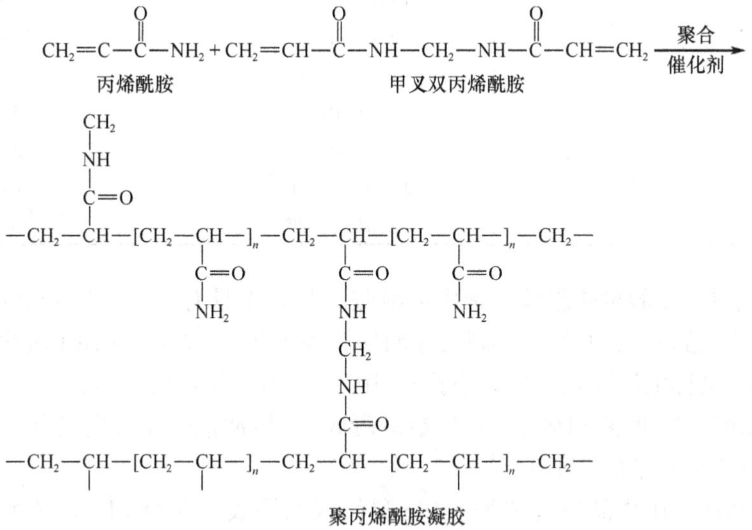

图 1-4-1　凝胶制备反应式

聚丙烯酰胺凝胶的聚合体系有两种。

1）化学聚合：采用过硫酸铵（AP）为催化剂，四甲基乙二胺（TEMED）为加速剂，在 TEMED 催化下，过硫酸铵［$(NH_4)_2S_2O_8$］形成自由基：$S_2O_8^{2-}$（过硫酸根）→$2SO_4^-$（硫酸自由基），后者可使丙烯酰胺单体的双键打开，活化形成自由基丙烯酰胺，从而引起聚合作用。

2）光聚合：维生素 B_2（核黄素）作催化剂，维生素 B_2 在氧及紫外线作用下，生成含自由基的产物而引发聚合作用。日光灯光源、直接日光或室内强散射光均可，当加入 TEMED 后能促进聚合。光聚合形成的凝胶孔径较大（大孔径），且随时间的延长而逐渐变小，不太稳定，多用于制备浓缩胶。

（3）凝胶浓度和交联度与孔径大小的关系：聚丙烯酰胺凝胶具有三维网状结构，网状的孔径主要由两个因素决定：

1）凝胶总浓度，用 $T\%$ 表示，即 100ml 凝胶溶液中所含 Acr 和 Bis 的总克数。

2）交联度，用 $C\%$ 表示，即 Bis 占 Acr 和 Bis 总克数的百分数。

$$T=(a+b)/m\times100\%$$

$$C=b/(a+b)\times100\%$$

式中：a=凝胶溶液中所含 Acr 克数；b 为凝胶溶液中所含 Bis 克数；m 为凝胶溶液的毫升数。

一般 $T\%$ 愈大则胶愈硬也易脆裂，$T\%$ 过小，则胶稀软不易操作。$C\%$ 过高不仅胶变脆缺乏弹性且透明度降低；$C\%$ 过低则胶聚合不良呈糊状。Acr 与 Bis 量还影响胶的孔径大小，因此必须根据样品分子的大小选择凝胶配方：一般情况下，体内蛋白质多采用 7.5% 浓度凝胶，所得电泳结果满意的，称为标准胶。当分析一个未知样品时，常先用 7.5% 的标准凝胶来测试，选出适宜的凝胶浓度。

不同相对分子质量范围所选用凝胶的浓度（表 1-4-1）。

表 1-4-1 凝胶的浓度与相对分子质量范围

	相对分子质量范围	适用的凝胶浓度(%)
蛋白质	$<1\times10^4$	25～30
	$1\times10^4\sim4\times10^4$	15～20
	$4\times10^4\sim1\times10^5$	10～15
	$1\times10^5\sim5\times10^5$	5～10
	$>5\times10^5$	2～5
核酸(RNA)	$<1\times10^4$	15～20
	$1\times10^4\sim1\times10^5$	5～10
	$1\times10^5\sim2\times10^6$	2～2.6

2. 聚丙烯酰胺凝胶电脉原理 聚丙烯酰胺凝胶管中具有 2～3 种不同的凝胶层,最上层是样品层(或样品胶),中层是浓缩胶,这两层均为大孔胶,用 Tris·HCl 缓冲液,pH6.7,最下层是分离胶(又称电泳胶),该层为小孔胶,用 Tris·HCl 缓冲液,pH8.9。在上下两电泳槽中以 Tris-甘氨酸为缓冲液,pH8.3。这样造成凝胶层、缓冲液、pH 及电场强度的不连续性,在这样的凝胶系统中存在三种效应。

(1) 浓缩效应:在样品胶与浓缩胶中进行,这两层胶中含有 Cl^-、Pr^-(蛋白质离子)和 $CH_2NH_2COO^-$(甘氨酸离子)三种负离子。在缓冲液 pH 6.7 中 HCl 几乎全部解离;而样品的多数等电点 pI 为 5 左右,其解离度次之;甘氨酸的 pI 为 6,其解离度最小(0.1%～1%)。通电后三者均向正极移动,但其有效迁移率(μ)不同,$\mu=m\cdot\alpha$(m:迁移率;α:解离度),$m_{c1}\alpha_{c1}>m_{蛋}\,\alpha_{蛋}>m_{甘}\,\alpha_{甘}$,电泳时 Cl^- 泳动速度最快(称快离子或前导离子);其次为蛋白质,最慢的是甘氨酸离子(称慢离子或尾随离子)。由于 Cl^- 迅速向正极移动,在它的后面形成一个离子浓度低的低电导区,低电导区形成高电压梯度。因 $V=\mu\cdot E$,于是使蛋白质和慢离子也紧跟快离子快移,形成三种离子移动界面,蛋白质离子夹在中间,被浓缩成一薄层,如原来 1cm 厚的样品层可被浓缩为 25μm 的厚度,达到浓缩的目的。

浓缩胶是大孔胶,蛋白质分子没有分子筛效应,对分子移动的速度形成的阻力可以忽略不计。当夹在快离子和慢离子中间的蛋白质通过浓缩胶进入分离胶时,pH 和凝胶孔径突然改变,分离胶 pH 8.9(电泳时经实际测量是 9.5),接近于甘氨酸的 pK_2 值<9.7～9.85,这样慢离子的解离度增大,因而它的有效迁移率也增加,此时慢离子的有效迁移率超过了所有蛋白质的有效迁移率,从而赶上并超过所有蛋白质分子。这样,高电压梯度不存在了,浓缩效应被破坏,蛋白质样品在一个均一的电压梯度和 pH 条件下通过分离胶(图 1-4-2)。

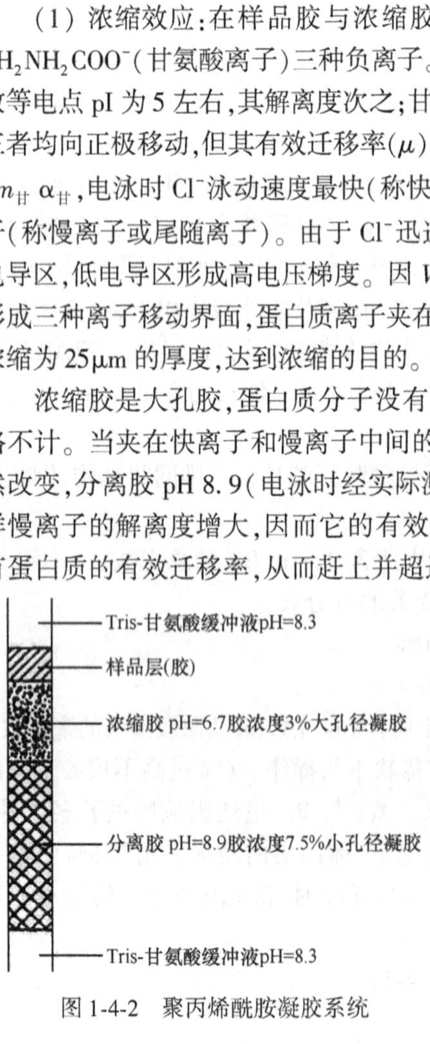

图 1-4-2 聚丙烯酰胺凝胶系统

(2) 电荷效应:在分离胶中进行,在高度浓缩的蛋白质薄层中,由于各种蛋白质分子的 pI 不同,所带电荷不同,其迁移率也不同,各种蛋白质就按迁移率的快慢顺序而分离。

(3) 分子筛效应:分子质量或构型不同的蛋白质通过一定孔径的分离胶时所受的摩擦力不同,受阻滞的程度不同。因此,表现出不同的泳动率,即所谓分子筛效应。即使自由迁移率相等的蛋白质分子,它也会由于分子筛效应在分离胶中被分开。

【操作】

1. 凝胶溶液的配制　见表1-4-2。

表1-4-2　凝胶溶液配制操作表

试剂	分离胶	浓缩胶
30%丙烯酰胺储存液(ml)	5.0	1.0
分离胶缓冲液(ml)	2.5	—
浓缩胶缓冲液(ml)	—	1.5
蒸馏水(ml)	9.5	6.0
1% TEMED(ml)	1.0	0.5
1%过硫酸铵溶液(ml)	2.0	1.0
总体积(ml)	20	10
胶浓度	7.5%	3%

2. 凝胶管的制备

(1) 将洗净干玻璃管(内径0.5cm,长约10cm切口磨平),一端塞紧勿漏水且垂直固定。

(2) 配制的分离胶溶液混匀后,用细滴管吸出加入垂直玻璃管中至3/4高度,再以细滴管小心地在胶液上复盖0.5cm厚度的水层(隔绝空气的氧并使胶面平整),静置20～30分钟后,水与胶界面清晰,表明凝胶聚合完成,用滤纸屑吸去复盖的水层,即为分离胶。

(3) 配制的分离胶溶液混匀后,用细滴管吸出加入到已制成分离胶上面1～2cm厚度,同样再复盖0.5cm厚的水层,玻管垂直静置至界面清晰为止;聚合后,用滤纸屑吸去水层,即为浓缩胶与分离胶的玻管。

3. 样品配制　取正常血清30μl,加0.05%溴酚蓝10μl,加20%蔗糖液至100μl,混匀,即为含追踪剂的待测血清样品。

4. 加样　选择合格的凝胶管(无气泡、无裂缝、无剥离、聚合均匀),垂直插入电极槽上层的橡胶孔中,下端浸入盛有电极缓冲液的下层电极槽中,赶走下端气泡。各管垂直固定后,用注射器吸取少量电极缓冲,沿上端管壁小心加在浓缩胶上约0.5cm厚度,再用微量注射器取血清样品10～30μl,伸入电极缓冲液中,沿管壁将样品加在浓缩胶面上,不要激起电极缓冲液,上槽添满电极缓冲液至2/3高度,凝胶管上下必须无气泡。

5. 电泳　上电泳槽接负极,下电泳槽接正极。接通电源,开始调节每管电流为1～2mA,待追踪剂进入分离胶时,每管电流可调到3～5mA,待追踪剂接近管底0.5cm处(时间约2小时)切断电源。

6. 剥胶　取带有长针头的注射器,吸取蒸馏水作湿润剂,将针头插入胶柱与管壁之间,边注水,边旋转玻管,直至胶柱与管壁分开,后用吸耳球轻轻挤压,凝胶随即滑出。

7. 固定与染色　将凝胶浸于染色液(含固定液)中固定并染色1～2小时,取出,放入试管中,用脱色液脱色数次至脱色液无色,区带清晰后用7%乙酸浸泡保存。

【注意事项】

(1) Acr、Bis 是神经性毒剂,并对皮肤有刺激作用,操作时应特加小心或带医用手套,避免与皮肤接触。

(2) TEMED 只有当它处于自由碱基状态下才能发挥其加速剂的效能,所以催化系统需要在碱性条件下进行。

(3) 分子氧能阻止链的延长,妨碍聚合作用,操作时应尽量避免溶液中过量氧的存在。常将胶面封以水层以避免直接与空气接触。

(4) 电泳完毕后,上下槽电泳缓冲液不能混匀再使用,因离子强度和 pH 都已发生变化。

(5) 凝胶聚合的时间与温度有关:夏天聚合快可放冰浴,冬天室温<10℃聚合时间将延长。

【器材】 稳流稳压电泳仪、圆盘电泳槽、0.5cm×10cm 玻管、50～100μl 微量注射器、长针头(7～10cm)注射器等。

【试剂】

(1) 30% 丙烯酰胺储存液:丙烯酰胺(Acr)29.2g、*NN'*-甲叉双丙烯酰胺(Bis)0.8g,加蒸馏水至 100ml,装在棕色瓶中,置冰箱可保存 1～2 个月。

(2) 1% 过硫酸铵:过硫酸铵(潮解勿用)1g,加蒸馏水至 100ml 混匀,临用前配制。

(3) 1% 四甲基乙二胺(TEMED):淡黄色液体,取 1ml TEMED 加蒸馏水至 100ml 成 1% TEMED。

(4) 分离胶缓冲液(pH 8.9):三羟甲基氨基甲烷(Tris)36.3g。加 1mol/L HCl 48ml 调节 pH 至 8.9,最后加蒸馏水至 100ml。

(5) 浓缩胶缓冲液(pH 6.7):称 Tris 6.05g 加 1mol/L HCl 48ml,调节 pH 至 6.7,最后加蒸馏水至 100ml。

(6) 电泳槽缓冲液(pH 8.3):称 Tris 6g 加甘氨酸 28.3g,调节 pH8.3,加蒸馏水至 1000ml,用时再稀释 10 倍。

(7) 样品示踪染料 0.05% 溴酚蓝 50mg 溶于 0.005mol/L NaOH 100ml。

(8) 20% 蔗糖溶液(或甘油):称蔗糖 20g 加蒸馏水至 100ml。

(9) 染色液:考马斯亮蓝(或氨基黑 10B)1g 加 95% 乙醇溶液 90ml 加冰乙酸 20ml 加蒸馏水 90ml 混合后放置过夜,次日过滤,备用。

(10) 洗脱液:95% 乙醇溶液 90ml 加冰乙酸 20ml,加蒸馏水 90ml。

(11) 保存液(7% 乙酸溶液):取 7ml 冰乙酸加蒸馏水至 100ml。

实验十三　聚丙烯酰胺凝胶电泳分离血清乳酸脱氢酶

【目的】

(1) 掌握聚丙烯酰胺凝胶电泳原理和方法。

(2) 了解乳酸脱氢酶同工酶分离方法及显色原理。

【原理】 乳酸脱氢酶(lactate dehydrogenase, LDH)及其同工酶(isoenzyme)是糖代谢中的一种很重要的酶,它催化丙酮酸与乳酸的相互转化。

$$CH_3CHOHCOOH + NAD^+ \xrightleftharpoons{LDH} CH_3COCOOH + NADH + H^+$$

LDH 是发现最早又研究最多的同工酶。由于同工酶的分子结构不同，电泳迁移率不同，因此电泳法可将其分开。在哺乳动物中，LDH 是由两种亚基（H 亚基和 M 亚基）通过不同的组合形成四聚体，共有五种形式：LDH_1、LDH_2、LDH_3、LDH_4 和 LDH_5。这些同工酶在不同器官中的分布及含量不同，各器官都有自己特定的同工酶谱。如心肌中 LDH_1 活性最高，肝脏中 LDH_5 活性最高。正常情况下，血清中 LDH 同工酶活性较低，多半来自红细胞的渗出和释放，经电泳分离，可呈现特定的同工酶谱。

同工酶的染色原理：将聚丙烯酰胺凝胶电泳分离的同工酶凝胶条，加上酶的底物乳酸，则可催化底物脱氢生成丙酮酸。同时，生成的还原型 $NADH+H^+$ 可使吩嗪硫酸甲酯（PMS）还原，后者又使浅黄色的氯化硝基四氮唑蓝（NBT）还原成蓝紫色，从而显示各同工酶区带。其反应式如图 1-4-3：

图 1-4-3　反应式

反应产生的蓝紫色即还原型 NBT 含量与酶活力成正比，可直接观察颜色的深浅进行分析，也可将染色的胶条用光密度扫描仪进行扫描，根据波峰计算出各同工酶的百分含量。

聚丙烯酰胺凝胶电泳原理和方法见实验十二。

【操作】

1. 凝胶溶液的配制　凝胶溶液的配制如表 1-4-3 所示。

表 1-4-3　凝胶溶液配制操作表

试剂	分离胶	浓缩胶
A 液（ml）	1.8	—
B 液（ml）	2.0	—
C 液（ml）	—	0.7
D 液（ml）	—	1.4
H_2O（ml）	5.0	2.4
1% TEMED(ml)	0.5	0.2
1% 过硫酸铵溶液(ml)	0.7	0.3
总体积（ml）	10.0	5.0
胶浓度	6%	3.5%

2. 凝胶管的制备

（1）将洗净干玻璃管（内径 0.5cm，长约 10cm 切口磨平），一端塞紧勿漏水且垂直固定。

（2）配制的分离胶溶液混匀后，用细滴管吸出加入垂直玻璃管中至 3/4 高度，再以细滴管小心地在胶液上复盖 0.5cm 厚度的水层（隔绝空气的氧并使胶面平整），静置 20 ~ 30 分钟后水与胶界面清晰，表明凝胶聚合完成，用滤纸屑吸去覆盖的水层，即为分离胶。

（3）配制的浓缩胶溶液混匀后，用细滴管吸出加入到已制成分离胶上面 1 ~ 2cm 厚度，同样再覆盖 0.5cm 厚的水层，玻管垂直静置至界面清晰为止；聚合后，用滤纸屑吸去水层，即为浓缩胶与分离胶的玻管。

3. 样品配制 取正常血清 30μl,加 0.05% 溴酚蓝 10μl,加 20% 蔗糖液至 100μl,混匀,即为含追踪剂的待测血清样品。

4. 加样 选择合格的凝胶管(无气泡、无裂缝、无剥离、聚合均匀),垂直插入电极槽上层的橡胶孔中,下端浸入盛有电极缓冲液的下层电极槽中,赶走下端气泡。各管垂直固定后,用注射器吸取少量电极缓冲,沿上端管壁小心加在浓缩胶上约 0.5cm 厚度,再用微量注射器取血清样品 10 ~ 30μl,伸入电极缓冲液中,沿管壁将样品加在浓缩胶面上,不要激起电极缓冲液,上槽添满电极缓冲液至 2/3 高度,凝胶管上下必须无气泡。

5. 电泳 上电泳槽接负极,下电泳槽接正极。接通电源,开始调节,每管电流为 1 ~ 2mA,待追踪剂进入分离胶时,每管电流可调到 3 ~ 5mA,待追踪剂接近管底 0.5cm 处(时间约 2 小时)切断电源。

6. 剥胶 取带有长针头的注射器,吸取蒸馏水做湿润剂,将针头插入胶柱与管壁之间,边注水,边旋转玻管,直至胶柱与管壁分开,后用吸耳球轻轻挤压,凝胶随即滑出。

7. 染色 吸取配制好的染色液,倒入装有凝胶的小试管中,将凝胶完全浸没,放入 37℃ 恒温水浴中保温,约 15 分钟出现色带,待色带明显后,取出小试管,弃去染色液。

8. 保存 将 7% 乙酸溶液倒入装有凝胶的小试管内,使胶条浸没,加塞保存。

9. LDH 各同工酶活力百分比 将凝胶直接放在光密度扫描仪上扫描。记录各同工酶区带的光密度积分值,按下式计算百分比:

LDH_1(%)= LDH_1 区带光密度积分值各同工酶光密度积分值之和×100

【正常值】 正常人血清 LDH 各同工酶活力百分比是:LDH_1 33.4%;LDH_2 42.8%;LDH_3 18.5%;LDH_4 3.9%;LDH_5 1.4%。不同方法测定值略有不同。

【注意事项】

(1) 标本一定不能溶血,红细胞内 LDH 活力较血清约高 100 倍。

(2) 所用器材必须清洁,特别是制备凝胶柱所用的玻璃管,每次用后必须用洗液浸泡,再常规清洗,否则凝胶剥离困难。

(3) 丙烯酰胺和甲叉双丙烯酰胺是神经性毒剂,对皮肤有刺激作用,应避免直接接触。

(4) 电泳完毕后,上下槽电极缓冲液不可混合,因离子强度和 pH 都已发生改变。

【临床意义】 LDH 同工酶的分离及测定在临床上有重要意义。正常情况下,血清中 LDH 同工酶活性较低,电泳呈现其特定的同工酶谱。当某组织受损时,该组织中的 LDH 可释放到血液中,使血清 LDH 的总活性升高,但酶的总活性升高幅度不一定与有关脏器(如心或肝等)的病损程度相一致,故测定酶的总活性对患病器官的鉴别意义不大。但 LDH 同工酶在不同器官组织中的分布及含量不同,有关的器官组织发生损伤时,可反映在同工酶谱的变化上,故测定 LDH 同工酶可有助于受损部位的鉴别诊断。如肝脏疾病时,血清中 LDH_5 升高;而在心肌受损时,血清中 LDH_1 升高,因此电泳分离同工酶,经光密度扫描仪扫描,测出各同工酶的百分含量,不但提高了诊断的灵敏度,而且对病变器官的鉴别也有重要意义。

【器材】 稳流稳压电泳仪、圆盘电泳槽、0.5cm×10cm 玻管、50 ~ 100μl 微量注射器、长针头(7 ~ 10cm)注射器等。

【试剂】

(1) A 液(分离胶缓冲液,pH 8.9):准确称取 Tris(三羟甲基氨基甲烷)36.6g,加 1mol/L HCl 48ml,加双蒸水至 100ml,用 pH 计调至 pH 8.9,加双蒸水至 100ml。

（2）B液（分离胶单体交联剂）：准确称取甲叉双丙烯酰胺0.8g，加双蒸水约50ml，在80℃水浴溶解后，冷却至30℃再加入丙烯酰胺29.2g，溶解后，加双蒸水100ml，过滤。

（3）C液（浓缩胶缓冲液，pH 6.7）：准确称取Tris 6.05g，加1mol/L HCl 48ml，加蒸馏水至100ml，用pH计调至pH 6.7，加双蒸水至100ml。

（4）D液（浓缩胶单体交联剂）：准确称取甲叉双丙烯酰胺2.5g，加双蒸水约50ml，在80℃水浴溶解后，冷却至30℃。再加丙烯酰胺10g溶解后，加双蒸水至100ml，过滤。

（5）电极缓冲液（pH 8.3）：称取Tris 6.0g、甘氨酸28.8g，分别溶解，用pH计调至pH 8.3，加蒸馏水至1000ml，用时稀释10倍。

（6）15%过硫酸铵溶液：每次用前新鲜配制，冰箱保存不能超过1周。

（7）40%蔗糖溶液100ml。

（8）0.1%溴酚蓝溶液10ml。

（9）蔗糖溴酚蓝溶液：吸取0.1%溴酚蓝溶液0.1ml，加到10ml 40%蔗糖溶液中。

（10）7%乙酸溶液。

（11）0.2mol/L磷酸盐缓冲液（pH 7.4）500ml。

（12）0.15NAD$^+$溶液：取辅酶Ⅰ（NAD$^+$）100mg，加0.2mol/L磷酸盐缓冲液（pH 7.4）100ml。

（13）0.1% NBT溶液：取氯化硝基四氮唑蓝（NBT）100mg，加0.2mol/L磷酸盐缓冲液（pH 7.4）100ml。

（14）0.1% PMS溶液：取吩嗪硫酸甲酯（PMS）100mg，加0.2mol/L磷酸盐缓冲液（pH7.4）100ml（临用时配制）。

（15）0.5mol/L乳酸钠溶液：取60%乳酸钠10ml，加0.2mol/L磷酸盐缓冲液（pH 7.4）100ml。

（16）染色液配制：取上述所配制0.1% NAD$^+$溶液24ml、0.1% NBT溶液96ml、0.1% PMS溶液32ml、0.5mol/L乳酸钠溶液48ml混合共计200ml（临用时配制）。

（17）1% TEMED。

注：另外可用分离胶（浓度5.4%），直接将血清样品加样到分离胶上电泳的方法，也能得到令人满意的分离结果，而且后者操作更加简便，可以省去两次聚合的繁琐操作，达到省时、省力的目的，特别适用于临床上大量检查患者时使用。

实验十四　SDS-聚丙烯酰胺凝胶电泳测定蛋白质相对分子质量

【目的】

（1）掌握SDS-聚丙烯酰胺凝胶电泳原理。

（2）熟悉利用SDS-聚丙烯酰胺凝胶电泳测定蛋白质相对分子质量的方法。

【原理】 SDS是一种阴离子去污剂，当其与蛋白质混合，重量比达到1.4g∶1g时，SDS能破坏蛋白质分子间以及其他物质分子间的非共价键使蛋白质的构象发生变化，继而使蛋白质变性解离成单一亚基，从而降低或消除了各种蛋白质分子间的天然电荷差异，形成SDS-蛋白质负离子。因此，当电泳时，蛋白质相对的迁移率取决于其分子大小，当蛋白质相对分子质量在$1.2\times10^4 \sim 16.5\times10^4$时，蛋白质的迁移率和相对分子质量的对数呈直线关系，符合下列方程：$\text{LogMW}=K-bm$（LogMW为相对分子质量的对数，K为常数，b为斜率，m为迁移率）若将已知相对分子质量的标准蛋白质的迁移率对相对分子质量的对数作图，可获得一条标准曲线，未知蛋白质在相同条件下进行电泳根据它的电泳迁移率即可在标准曲线上求得其相对分子质量。

【操作】

1. 低分子标准蛋白质样本 开封后溶于 200μl 双蒸水，分装于 20 个小管内(每管 10μl)，再于每小管内加入等体积的 2 倍样品缓冲液(10μl)，于沸水中加热 5 分钟后，于 -20℃保存，使用前置室温融化后，沸水浴中加热 3 ~5 分钟后上样。

2. 待测样品的制备

(1) 样本若为冻干粉则按上述使用方法配制，但必须注意待测样本浓度需控制在：精制品为 1 ~2mg/ml，粗制品为 10 ~20mg/ml。

(2) 样本若为人或动物血清，则要先用样本缓冲液(G 液)稀释 1 : 4(*V/V*)，使血清蛋白质浓度为 10 ~15mg/ml，再按照上述方法配制使用。

3. 凝胶的制备 见表 1-4-4。

表 1-4-4 凝胶的制备操作表

试剂	分离胶	浓缩胶
A 液 (ml)	3	0.45
B 液 (ml)	—	1.24
C 液 (ml)	1.9	—
蒸馏水 (ml)	3.33	1.0
10% SDS(μl)	90	30
1% TEMED(ml)	0.6	0.24
5% AP(μl)	80	40
总体积 (ml)	9	3
胶浓度	10%	4.5%

4. 加样 每管用微量注射器或微量吸管加样 20μl。

5. 电泳 上电泳槽接负极，下电泳槽接正极。

浓缩胶，稳流：电流 10mA/板(或稳压：电压 80V)，时间约 1 小时；

分离胶，稳流：电流 20mA/板(或稳压：电压 120V)，时间约 1.5 小时。

电泳结束后小心取出凝胶，迅速用不锈钢尺量取各条凝胶长度及指示染料移动距离，记录于下表内(后附)。

6. 染色 将已固定的凝胶先用蒸馏水洗一次，然后置于染色液中在 60℃水浴箱 15 分钟左右。

7. 脱色 将凝胶置于脱色液中重复漂洗至背景清晰为止，加温 50 ~60℃会加速脱底色，亦可用电脱色。

8. 测定 测量各管凝胶长度和蛋白质区带移动距离。记录于表 1-4-5 内。

表 1-4-5　各管凝胶长度记录表

染色前胶长(cm)		脱色后胶长(cm)		染料移动距离(cm)	
样品名称及相对分子质量样本		蛋白质移动距离		迁移率平均值	
兔磷酸化酶 B(97 400)					
牛血清白蛋白(66 200)					
兔肌动蛋白(43 000)					
牛碳酸酐酶(31 000)					
胰蛋白酶抑制剂(20 100)					
鸡蛋清溶菌酶(14 000)					

【计算】

(1) 电泳迁移率的计算和标准曲线的制作按下列公式计算各种蛋白质样本的迁移率(relative mobility)：

$$\text{迁移率}=\frac{\text{蛋白质移动距离}}{\text{脱色后凝胶长度}}\times\frac{\text{染色前凝胶长度}}{\text{指示染料移动距离}}$$

以各种蛋白质样本迁移率作横坐标,蛋白质相对分子质量的对数作纵坐标。在半对数坐标纸上作图可得一条测定蛋白质相对分子质量的标准曲线。

(2) 待测样本的相对分子质量测定:将待测样本,按上述方法电泳,结果计算出迁移率,在标准曲线上求出该蛋白质的相对分子质量。

【注意事项】

(1) SDS-PAGE 电泳前,蛋白质样品进行预处理(与样本变性液 1 : 1(*v/v*)混匀,100℃煮沸 5 分钟),蛋白质样品充分变性并还原成单一亚基结构。其中巯基乙醇的作用是使蛋白质分子中的二硫键还原。

(2) 样品经 SDS 处理后,其生物活性完全丧失。

【仪器】 垂直电泳槽、稳流稳压电泳仪、微量进样器等。

【试剂】

(1) A 液(Acr-Bis,30%):29.2g 丙烯酰胺、0.8g 甲叉双丙烯酰胺,加蒸馏水定容至 100ml。

(2) B 液(浓缩胶缓冲液:Tris · HCl,pH 6.8,$I=0.5$mol/L):1.5g Tris、12.0ml 1mol/L HCl,加蒸馏水混匀定容至 25ml。

(3) C 液(分离胶缓冲液:Tris · HCl,pH 8.8,$I=3$mol/L):18.15g Tris、24.0ml 1mol/L HCl,加蒸馏水混匀定容至 50ml。

(4) D 液(电极缓冲液:Tris-甘氨酸,pH 8.3,$I=0.05$mol/L):3g Tris、14.4g 甘氨酸、1g SDS,加蒸馏水混匀定容至 1000ml。

(5) E 液(15 过硫酸铵):1g 过硫酸铵溶于 100ml 蒸馏水中,临用前配制。

(6) 1% SDS。

(7) 样本缓冲液(Tris · HCl,pH 6.8,$I=0.0625$mol/L):取浓缩胶缓冲液(B 液)1 : 7(*v/v*)稀释。

(8) 样本变性液(Tris · HCl,pH 6.8,$I=0.01$mol/L,2% SDS,5% 巯基乙醇,10% 蔗糖,0.001% 溴酚蓝):0.8g SDS,2.0ml 硫基乙醇、4g 蔗糖溶于样本缓冲液定容至 20ml,再 1 滴 0.1% 溴酚蓝。使用时与样本 1 : 1(*v/v*)混匀。

(9) 固定液:57.0g 三氯乙酸(TCA)、17.0g 磺基水杨酸、150ml 甲醇,加蒸馏水 350ml 混匀。

(10) 染色液:1.25g 考马斯亮蓝 R-250、227ml 甲醇、227ml 蒸馏水、46ml 冰乙酸混匀,用滤纸过滤。

(11) 脱色液(10% 乙醇-70% 乙酸):100ml 乙醇、70ml 乙酸加蒸馏水混匀定容至 1000ml。

(12) 保存液(10% 乙醇-10% 乙酸-10% 甘油):100ml 乙醇、100ml 乙酸、100ml 甘油加蒸馏水混匀定容至 1000ml。

(13) 指示染料液:0.1% 溴酚蓝(BPB)、100ml 溴酚蓝溶于 100ml 蒸馏水中。

(14) 1% TEMED。

(15) 低分子标准蛋白质样本(兔磷酸化酶 B 97 400,牛血清白蛋白 66 200,兔肌动蛋白 43 000,牛碳酸酐酶 31 000,胰蛋白酶抑制剂 20 100,鸡蛋清溶菌酶 14 400)。

实验十五　等电聚焦-聚丙烯酰胺凝胶平板电泳测定蛋白质等电点

【目的】

(1) 了解等电聚焦的原理。

(2) 熟悉等电聚焦-聚丙烯酰胺凝胶平板电泳的一般操作方法。

【原理】 等电聚焦电泳(isoelectric focusing gel electrophoresis,IFE)是根据蛋白质分子的等电点进行分离的一种技术。蛋白质或其他两性物质(如酶)在比其等电点 pH 大的溶液中带负电荷,向阳极移动。在等电点 pH 时,不带电即净电等于零,故不能移动。20 世纪 70 年代,Vesterberg 合成了一些脂肪族多氨基多羧基酸的两性电解质载体,即 Ampholytes。当通电时,两性载体即形成一个由阳极到阴极逐步递增的线性 pH 梯度。当蛋白质放进此体系时,不同的蛋白质即开始移动,并聚焦于相当其等电点 pH 梯度范围内,如果 pH 梯度稳定,对流扩散不存在(或极小时),则蛋白质可聚焦成一个清楚的固定带,其位置主要是由蛋白质本身的等电点而定,故可将不同的蛋白质进行分离。聚丙烯酰胺凝胶在此电聚焦系统中主要起着抗对流扩散作用。

等电聚焦-聚丙烯酰胺平板电泳(isoelectric focusing PAGE,IEF-PAGE)由于技术简单、灵敏。特别适合稀样本,如果配合精密 pH 计测定等电点,则对蛋白质样本具有一定的鉴定作用,该技术越来越成为分子生物学、生物化学的一种行之有效的分离、鉴定工具。

【操作】

1. 制备聚丙烯酰胺凝胶等电聚焦薄板

(1) 将固定好的有机玻璃框置于电泳槽上,用 1% 琼脂糖液封底以防止漏水。

(2) 制胶:在锥形瓶配置(表 1-4-6)。混匀后,用针筒灌胶,插入梳子,待凝。注意:过硫酸铵最后加入。

表 1-4-6　凝胶配制操作表

试剂	体积(ml)
凝胶交联剂	1.34
40% Ampholine	0.4
4mol/L 尿素溶液	4.0
1% TEMED	0.8
ddH_2O	0.56
0.75% 过硫酸铵溶液	0.9

2. 加样　凝胶后,用1% Ampholine覆盖液覆盖各加样孔,用微量进样器分别取待测样品(牛白蛋白)、Marker各10μl,慢慢地分别加在相应的加样孔上。

3. 电泳　电泳槽的电极液分别为0.02mol/L NaOH(上槽,-)、0.01mol/L H_3PO_4(下槽,+)。以稳压120V电泳约15分钟,转稳压400V电泳30分钟,再稳压800~1000V电泳2小时。

4. 染色及结果观察

(1) 固定:取下凝胶置于培养皿中,加入固定液,30分钟。

(2) 染色:弃去固定液,加染色液,60℃染色15分钟。

(3) 脱色:弃去染色液(回收),加入脱色液,洗脱至条带清晰。

(4) 量取各条带至顶端的距离(cm),在坐标纸上绘制距离-pH曲线。

【实验特点】

(1) 样品加样位置和体积不受严格限制,样品可混入胶中或放在胶上。

(2) 分辨率很高,可将pI相差0.01的蛋白质组分分开。

(3) IFE电泳结束就可测定pI。

(4) 经IFE分离的蛋白质不变性,可保持原有生物活性。

(5) 许多蛋白质在pI附近可产生沉淀,从而影响分离效果,可在凝胶介质中加入尿素或非离子去垢剂加以解决。

(6) 样品含盐应尽量少,避免高盐浓度下高压电泳时产生大电流而发热。

【仪器】　稳流稳压电泳仪SCR-3、垂直板电泳槽、10ml玻璃注射器、玻璃板。

【试剂】

(1) 凝胶储存液(Acrylamide-Bis,30∶0.8):丙烯酰胺30g、甲叉双丙烯酰胺0.8g,加蒸馏水定容到100ml。

(2) 0.75%过硫酸铵溶液。

(3) 1% TEMED。

(4) 40% Ampholine(载体两性电解质pH 3~10)。

(5) 固定液(181.6ml甲醇+36.8ml乙酸+181.6ml双蒸水)。

(6) 染色液(1g考马斯亮蓝R-250 +181.6ml甲醇+36.8ml乙酸+181.6ml双蒸水)。

(7) 脱色液(225ml甲醇+50ml乙酸+225ml双蒸水)。

(8) 0.01mol/L H_3PO_4溶液。

(9) 0.02mol/L NaOH溶液。

(10) 4mol/L尿素。

(11) 1%琼脂糖液。

(12) 等电聚焦标准蛋白:蛋白质名称(等电点,pI):Trypsinogen(9.30),Lentillectin-basedband(8.65),Lentillectin-middleband(8.45),Lentillectin-acidband(8.15),Myoglobin-basedband(7.35),Myoglobin-basedband(6.85),HumancarbonicanhydraseB(6.55),Bovinecarbonicanhydrase B(5.85)。β-Lactoglobulin A(5.20),Soybeantrypsininhibitor(4.55)。

实验十六　DNA琼脂糖凝胶电泳

【目的】

(1) 了解琼脂糖凝胶电泳的原理。

(2) 熟悉水平式琼脂糖凝胶电泳的一般操作方法。

【原理】 琼脂糖凝胶电泳是检测 DNA 浓度、纯度及相对分子质量的常用方法。操作简便、快速、灵敏。线性 DNA 分子在电场中迁移率与相对分子质量的对数值成反比,分子越大,受到的摩擦阻力越大,迁移速度越慢,因此 DNA 在凝胶中获得有效的分离并测得其分子量大小。

荧光染料溴化乙啶(EB)是核酸的染色剂,通过插入 DNA 双螺旋结构两个碱基之间,与 DNA 形成荧光络合物,可确定 DNA 在凝胶中的位置;而发射的荧光强度正比于 DNA 的含量,与已知浓度的标准品作电泳对照,可估算出待测样品的浓度。

琼脂糖和聚丙烯酰胺凝胶电泳是分离、鉴定和纯化 DNA 片段的标准方法。与聚丙烯酰胺凝胶相比,琼脂糖凝胶孔径大,分辨能力较低,但其应用范围较广。用各种浓度的琼脂糖凝胶可以分离的 DNA 分子量在 200bp ~ 50kb,聚丙烯酰胺凝胶孔径小,用于分离小于 1kb 的 DNA 片段和 DNA 序列分析。

表 1-4-7 琼脂糖凝胶浓度与线性 DNA 的最佳分辨范围(bp)

琼脂糖凝胶浓度% (w/v)	最佳线性 DNA 分辨范围(bp)
0.5	1000 ~ 30 000
0.7	800 ~ 12 000
1.0	500 ~ 10 000
1.2	400 ~ 7000
1.5	200 ~ 3000
2.0	50 ~ 2000

琼脂糖凝胶电泳通常采用水平装置在强度和方向恒定的电场下电泳(表 1-4-7)。

【操作】

(1) 用 0.5×TBE 电泳缓冲液配制 0.8% 琼脂糖凝胶,加溴化乙锭使其最终浓度为 0.5μg/ml。

(2) 微波炉加热使琼脂糖熔化均匀,取出室温冷却至 50 ~ 60℃。

(3) 取一块 5cm×7cm 制胶板,置水平台上,放一微型点样梳,点样梳底部离玻璃平板的距离为 0.5 ~ 1.0mm。

(4) 将凝胶小心倒在制胶板上,待冷却后取出点样梳,保持点样孔的完好。将制好的凝胶在水平电泳槽上装好,加入 0.5×TBE 电泳缓冲液。

(5) 取 DNA 样品,标准 DNA,浓度各 1μl 加入 1×TBE4μl,加入 6×上样缓冲液 1μl,混匀,在 0.8% 琼脂糖凝胶点样孔小心点样。

(6) 打开电源开关,电压不超过 5V/cm,一般 40V,电泳时间视具体样品而定,一般大于 30 分钟。

(7) 取出电泳后的凝胶板,翻转玻璃盖在紫外分析仪观察 DNA 区带。

(8) DNA 含量的估计:比较待测 DNA 的条带与已知 DNA 的各条带的荧光密度,估计待测 DNA 在凝胶中的含量,再估计出其浓度。

【注意事项】 EB 有致癌性,因此要戴手套谨慎操作,并将实验废弃物集中处理。实验可采用低毒的绿如蓝低毒核酸染料(DNAgreen)进行染色,呈绿色荧光。

【仪器】 微波炉、紫外透射反射分析仪、水平式凝胶电泳槽、稳流稳压电泳仪。

【试剂】

(1) 6×上样缓冲液:0.25% 溴酚蓝、40% (w/v) 蔗糖,4℃保存。

(2) 10×TBE 电泳缓冲液:0.89mol/L Tris-硼酸、0.02mol/L $EDTANa_2$ pH 8.3。

(3) 琼脂糖。

(4) 5mg/ml EB:0.5gEB 溶于 100ml 三蒸水。

第五章 印迹技术

概　述

将各种生物大分子从凝胶转移到一种固定基质上的过程称为印迹技术(blotting)。Southern在1975年首先提出了分子印渍的概念。他将琼脂糖凝胶电泳分离的DNA片段在凝胶中进行变性使其成为单链,然后将一张硝酸纤维素(nitrocellulose,NC)膜放在凝胶上,上面放上吸水纸巾,利用毛细管作用原理使凝胶中的DNA片段转移到NC膜上,使之成为固相化分子。载有DNA单链分子的NC膜就可以在杂交液与另一种带有标记的DNA或RNA分子(即探针)进行杂交,具有互补序列的RNA或DNA结合到存在于NC膜的DNA分子上,经放射自显影或其他检测技术就可以显现出杂交分子的区带。由于这种技术类似于用吸墨纸吸收纸张上的墨迹,因此称为"blotting",译为印迹技术。

生物大分子印迹技术发展极为迅速,已广泛用于DNA、RNA、蛋白质的检测。通常人们将DNA印迹术称为Southern印迹(Southern blotting),将RNA印迹术称为Northern印迹(Northern blotting),将蛋白质印迹术称为Western印迹(Western blotting),将样品不经凝胶电泳分离而直接点样的印迹术称为斑点印迹(Dot blotting)。

实验十七　Southern印迹

【目的】

(1) 掌握Southern印迹的基本原理。

(2) 熟悉Southern印迹的实验操作。

【原理】 Southern印迹是将电泳分离的DNA片段转移到一定的固相支持物上的过程。DNA分子用限制性核酸内切酶酶切,经琼脂糖凝胶电泳将DNA片段按分子量大小分离,然后将琼脂糖凝胶中的DNA片段变性,并将单链DNA片段转移到固相支持体(通常是硝酸纤维素膜或尼龙膜)上,而各DNA片段的相对位置保持不变,这种滤膜可用于杂交反应,用放射性标记的DNA或RNA片段作为探针与附着在固相支持体上的DNA进行杂交,经放射自显影后可以确定与探针互补的DNA片段的电泳条带的位置。利用Southern印迹法可进行克隆基因的酶切图谱分析、基因组基因的定性及定量分析、基因突变分析及限制性片段长度多态性分析(RFLP)等。

【操作】

(1) 取一定量的待测DNA样品,用适当的限制性内切酶酶切。DNA的量根据样品的种类及目的的不同而异。对于克隆片段的限制性内切酶图谱分析,取0.1~0.5μg即可;而对于鉴定基因组DNA中的单拷贝基因顺序,则需要10~20μg;当采用寡核苷酸探针或探针的比放射性活性较低时,则需要多至30~50μg。酶切完毕,在琼脂糖凝胶中电泳,在其中1孔中加入适当的DNA分子量标准参照物。电泳结束后,溴化乙锭(EB)染色,长波紫外线下观察电泳结果,并拍照。

（2）将凝胶的左下角切除，以便于定位，然后将凝胶置于一搪瓷盒中。

（3）将凝胶浸泡于适量的变性液中，室温下放 1 小时使 DNA 变性，不间断地轻轻摇动，对于较大的 DNA 片段（如大于 15kb），可在变性前用 0.2mol/L HCl 预处理 10 分钟使其脱嘌呤后，再进行碱变性处理。

（4）将凝胶用去离子水漂洗 1 次，然后浸泡于适量的中和液中 30 分钟，不间断地轻轻摇动。换新鲜中和液，继续浸泡 15 分钟。

（5）在一塑料或玻璃平台上铺一层 Whatman3MM 滤纸，此平台要求比凝胶稍大，如图 1-5-1 所示。将此平台置于一搪瓷盒或玻璃缸中，搪瓷盒中盛满 10×SSC。滤纸的两端要完全浸没在溶液中，将滤纸用 20×SSC 湿润，用一棒将滤纸推平，并排除滤纸与玻璃板之间的气泡。

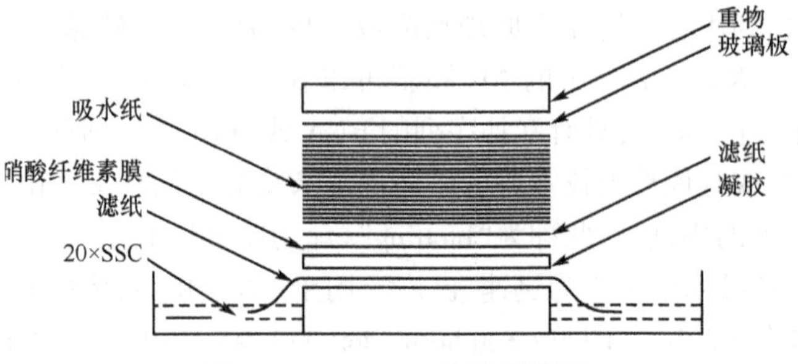

图 1-5-1　Southern 印迹示意图

（6）裁剪一块与凝胶大小相同或稍大的硝酸纤维素膜。注意操作时要戴手套，千万不可用手触摸，否则油腻的膜将不能湿润，也不能结合 DNA。

（7）将硝酸纤维素膜（NC 膜）漂浮在去离子水中，使其从底部开始向上完全湿润。然后置于 20×SSC 中至少 5 分钟。注意滤膜如果不能被湿润则不能用。

（8）将浸泡好的凝胶，置于上述铺了一层 Whatman 3MM 滤纸的平台中央。注意二者之间不要有气泡。

（9）在凝胶的四周用 Parafilm 蜡膜封严，以防止在转移过程中产生短路（转移液直接从容器中流向吸水纸而不是经过凝胶），从而使转移率降低。

（10）将湿润的硝酸纤维膜小心覆盖在凝胶上，膜的一端与凝胶的加样孔对齐。排除二者之间的气泡。相应地将膜的左下角剪去。注意：膜一经与凝胶接触即不可再移动，因为从接触的一刻起，DNA 已开始转移。

（11）将两张预先用 2×SSC 湿润过的与硝酸纤维素膜大小相同的 Whatman 3MM 滤纸覆盖在硝酸纤维素膜上，排除气泡。

（12）裁剪与硝酸纤维素膜大小相同或稍小的吸水纸，5～8cm 厚，置于 Whatman 3MM 滤纸之上。在吸水纸之上置一玻璃板，其上压一重约 500g 的物品。

（13）静置 8～24 小时使其充分转移，其间换吸水纸 1～2 次。

（14）弃去吸水纸和滤纸，将凝胶和硝酸纤维素膜置于 1 张干燥的滤纸上。用软铅笔或圆珠笔标明加样孔的位置。

（15）凝胶用溴化乙锭染色后紫外线下检查转移的效率。硝酸纤维素膜浸泡在 6×SSC 溶液中 5 分钟，以去除琼脂糖碎块。

（16）硝酸纤维素膜用滤纸吸干。然后置于两层干燥的滤纸中，80℃烘烤 2 小时，此过程使 DNA 固定于硝酸纤维素膜上。

(17) 此硝酸纤维膜即可用于下一步的杂交反应。如果不马上使用,可用铝箔包好,室温下置干燥处保存备用。

(18) 如用于杂交,杂交方法见实验二十。

【器材】 琼脂糖电泳装置、烤箱、硝酸纤维素膜或尼龙膜,其他实验室常规仪器。

【试剂】

(1) 适当的限制性核酸内切酶。

(2) 琼脂糖。

(3) 变性液:1.5mol/L NaCl 溶液、0.5mol/L NaOH 溶液。

(4) 中和液:1mol/L Tris · Cl(pH8.0)、1.5mol/L NaCl。

(5) 转移液(20×SSC):3mol/L NaCl 溶液、0.3mol/L 枸橼酸钠,pH 7.0。

实验十八　Northern 印迹

【目的】

(1) 熟悉 Northern 印迹的基本原理。

(2) 熟悉 Northern 印迹的实验操作。

【原理】 Northern 印迹是 1977 年由 Alwine 等提出的将 RNA 从琼脂糖凝胶转移到固相支持物上的技术。可用于测定总 RNA 或样品中特定 mRNA 分子的大小和浓度。RNA 经甲醛或聚乙二醛-二甲基亚砜变性后,在琼脂糖凝胶中进行电泳,能很好地分离和解旋成单链,其电泳迁移率与分子量的对数呈严格的反比关系,然后将 RNA 从凝胶上转移到硝酸纤维素膜上,此膜具有吸附单链 RNA 的特点,加热,将 RNA 固定于硝酸纤维素膜上,并与所需的放射性探针杂交,杂交后充分洗膜,除去未杂交上的放射性探针,然后进行放射自显影,只有与探针具有互补顺序的 RNA 片段才能显示出来,从而可以确定特异的 RNA 片段。

常见的 RNA 变性凝胶电泳有两种:①聚乙二醛和二甲基亚砜使 RNA 变性后,进行凝胶电泳;②通过甲醛变性的凝胶电泳。故有两种 Northern 转移方法。本节介绍聚乙二醛-二甲基亚砜系统的转移。用聚乙二醛变性的 RNA 电泳后,可直接由凝胶转移到硝酸纤维素膜上,不必进一步处理凝胶。

【操作】

(1) 于一托盘中倒入 500ml 20×SSC,在 20×SSC 溶液中浸泡 1 张适当大小的 Whatman 3MM 滤纸。

(2) 于托盘内放入 1 块有机玻璃板或玻璃板,将浸湿的滤纸平放在玻璃板上,滤纸两端浸入缓冲液中,作为吸水带,排除滤纸下的气泡。

(3) 小心将凝胶翻转放在滤纸上(即加样孔开口朝下),方法是先将凝胶平放在一块板子上,再在凝胶上盖上一块板子,然后小心地将夹着两块板子的凝胶翻过来,抽去下层板子,使凝胶沿下层板子滑到滤纸上。

(4) 用水将硝酸纤维膜湿润,并在 20×SSC 中浸泡 5 分钟,平放在凝胶上。

(5) 用 20×SSC 浸湿两张与凝胶同样大的 Whatman 3MM 滤纸,逐一平放在硝酸纤维膜上。

(6) 于 Whatman 3MM 滤纸上平放一叠与 Whatman 8MM 滤纸大小相同或略小的纸巾(8cm 厚),纸巾上置一玻璃板,并用 500g 重的物体压住,参看 Southern 印迹图。

（7）在室温下转移 12 ~ 24 小时（注意不要使纸巾全部浸湿，造成液体倒流）。

（8）移去纸巾和凝胶上方的 3MM 滤纸，取下凝胶和硝酸纤维素膜，翻转后置于干的 3MM 滤纸上。用软铅笔或圆珠笔在硝酸纤维素膜上标记凝胶样品槽位置。

（9）取下凝胶弃之，硝酸纤维素膜置 Whatman 3MM 滤纸上在室温晾干。

（10）置 80℃烤箱烘烤 2 小时。

（11）杂交方法可参考实验二十。

【注意事项】 如果凝胶预先用 20×SSC 浸泡或溴化乙锭染色，将降低 RNA 转移的效率。

【器材】 Whatman 3MM 滤纸、硝酸纤维素膜、烘箱。

【试剂】 20×SSC：称取 175.3g NaCl 和 88.2g 枸橼酸钠，溶于 800ml 水中，滴加 1mol/L NaOH 溶液到 pH 7.0，定容至 1000ml，分装，高压灭菌。

实验十九 Western 印迹

【目的】

（1）熟悉 Western 印迹的基本原理。

（2）熟悉 Western 印迹的实验操作。

【原理】 Western 印迹是 1979 年由 Towbin 等人提出的将电泳分离的蛋白质组分从凝胶转移到固相支持物上，并以针对特定氨基酸序列的试剂作为探针（抗体）加以检测的技术。用于对非放射性标记蛋白组成的复杂混合物中的某些特定蛋白质进行鉴别和定量。

Western 印迹是利用抗体作探针来检测已转移到固相支持物上的靶蛋白。先将待测样品溶于含有去污剂和还原剂的溶液中，经过 SDS-聚丙烯酰胺凝胶电泳后，转移到固相支持体上（常用硝酸纤维素膜），随后膜可与抗靶蛋白的非标记抗体反应，最后结合上的抗体可用多种放射性标记或酶偶联等的二级免疫学试剂进行检测（常用底物化学发光 ECL、底物荧光 ECF、底物 DAB 呈色等）。抗体的制备一般先用待测蛋白免疫动物 A，获得多克隆或单克隆抗体作为第一抗体与靶蛋白反应，再用另一种动物的抗动物 A 的免疫球蛋白抗体（放射性标记或酶标记）作为第二抗体。这样避免了对每种待测蛋白都要制备放射性标记或酶标记抗体的麻烦。

本实验利用辣根过氧化物酶（HRP）标记的羊抗人 IgG 抗体直接检测人血清 IgG，无需再用第二抗体。先将人血清上样进行 SDS-聚丙烯酰胺凝胶电泳，通过转移系统将蛋白质从凝胶转移到硝酸纤维素膜上，再用丽春红 S（Ponceau S）对硝酸纤维素膜染色并用铅笔标出分子量标准的条带（该染料只会短暂显色，进行 Western 印迹时可被洗去，且与所有免疫学检测方法兼容），漂洗后再用封闭液（本实验采用牛血清白蛋白）封闭膜上可能结合非相关蛋白的位点以降低非特异性结合的背景，封闭之后滤膜加入酶联抗体温育，漂洗后加入生色底物进行特异性显带。免疫偶联的辣根过氧化物酶最敏感的底物是 3,3′-二氨基联苯胺，它在过氧化物酶所在部位转变成棕色沉淀。在 CO^{2+} 或 Ni^{2+} 存在下可以加深沉淀的颜色并提高反应的灵敏度。

IgG 是由两条轻链和两条重链通过二硫键连接起来，变性后轻链和重链分开，且在轻链和重链的恒定区都具有抗原决定簇，因此在膜上可以显出两条带，一条为轻链（约 21 000）另一条为重链（约为 57 000）。

【操作】

（1）SDS-聚丙烯酰胺凝胶电泳（见实验十四）。样品为20倍稀释的血清或用实验十的A蛋白吸附法纯化血清中IgG的洗脱液，经处理后与蛋白质标准一起上样。

（2）当电泳即将结束时，切6张Whatman 3MM滤纸和1张NC膜，其大小都应与凝胶大小完全吻合，放入转移缓冲液中浸泡5分钟以上。

（3）在一边的海绵垫上放置3张用转移缓冲液浸泡过的3MM滤纸，逐张叠放，精确对齐，然后用一玻璃移液管作滚筒以挤出所有气泡。把NC膜放在3MM滤纸堆上，要保证精确对齐，而且在3MM滤纸与NC膜之间不留有气泡。从电泳槽上撤出放置SDS-聚丙烯酰胺凝胶的玻璃，把凝胶转移到一盘去离子水中略为漂洗一下，然后准确平放于NC膜上，排除所有气泡。把最后3张3MM滤纸放在凝胶上方，同样须确保各层精确对齐并不留气泡。

（4）夹紧夹子，按图1-5-2装置好，确保凝胶在负极侧，NC膜在正极侧，倒满转移缓冲液稳流140mA，转移1～2小时。

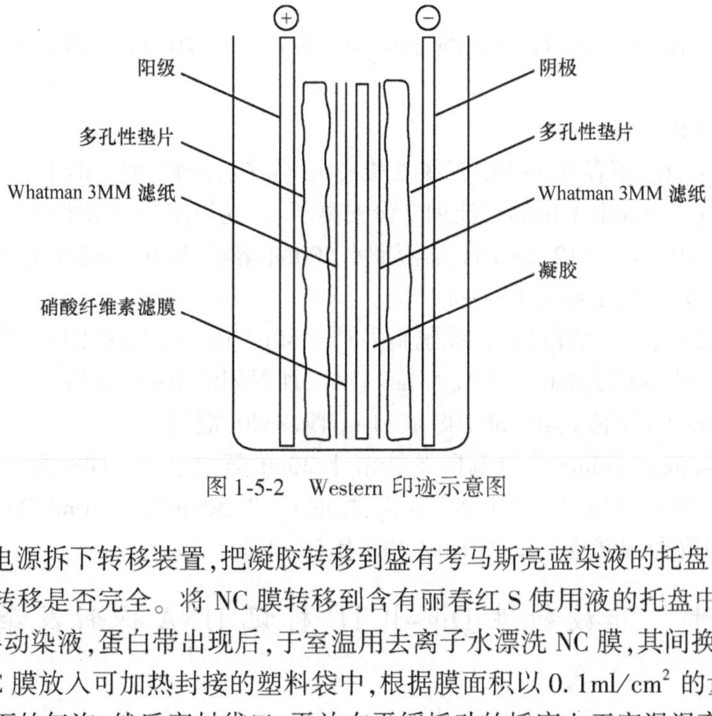

图1-5-2　Western印迹示意图

（5）关闭电源拆下转移装置，把凝胶转移到盛有考马斯亮蓝染液的托盘中进行染色，以便检查蛋白质转移是否完全。将NC膜转移到含有丽春红S使用液的托盘中染色5～10分钟，其间轻轻摇动染液，蛋白带出现后，于室温用去离子水漂洗NC膜，其间换水数次。

（6）把NC膜放入可加热封接的塑料袋中，根据膜面积以0.1ml/cm^{2}的量加入封闭液，尽可能排除里面的气泡，然后密封袋口，平放在平缓摇动的摇床上于室温温育1～2小时。

（7）将封闭过的NC膜放入另一个塑料袋中，用抗体稀释液800倍稀释抗体，按膜面积0.1ml/cm^{2}加入稀释抗体，密封袋口，平放在摇床上室温温育1小时。

（8）将NC膜转移至盛有漂洗液的浅托盘上，于室温平缓摇动，漂洗10分钟，重复3次。

注：绝大部分靶蛋白的抗体未进行标记，因此使用两种抗体，二抗带有标记。弃去封闭液后的操作顺序为：按NC膜面积0.1ml/cm^{2}加入稀释一抗，室温作用2小时，用漂洗液TBST洗NC膜，3次，10分钟/次。按NC膜面积0.1ml/cm^{2}加入标记的稀释二抗，室温作用1小时，TBST洗3次，10分钟/次，再用TBS清洗NC膜2分钟，最后进行检测。

（9）把经漂洗的NC膜移至一浅托盘上，按膜面积加入0.1ml/cm^{2}的底物溶液，细心观察反应过程，一旦蛋白带的颜色达到要求（约2分钟），即取出NC膜，用去离子水略为漂洗，转移到盛有漂洗液的托盘中。记录条带位置，拍摄 NC 膜照片，留作永久实验记录。

【注意事项】

（1）电泳时不上样的上样孔要加等体积的样品缓冲液，防止样品扩散。

（2）从裁剪滤纸到安装整个转移装置，都要戴手套操作，防止污染。

（3）滤纸、NC 膜应与凝胶大小完全吻合，并要精确对齐，防止短路。

（4）加入底物显色时，应仔细观察，蛋白主条带出现后应立即取出，终止反应，否则非特异性结合背景太高，影响实验效果。

【器材】 电泳仪、垂直板电泳槽、转移装置、硝酸纤维素膜或尼龙膜、15cm 培养皿、Sears Seal-A-Medal 塑料袋、封口机、摇床、镊子、一次性手套等。

【试剂】

（1）SDS-聚丙烯酰胺凝胶电泳相关试剂见实验十四。

（2）稀释血清：取新鲜人血清 50μl，加生理盐水 0.95ml，加 2×样品缓冲液，100℃煮沸 3 分钟，冷却。

（3）转移缓冲液：2.9g Gly + 5.8g Tris + 0.379g SDS + 200ml 甲醇溶液用蒸馏水稀释至 1000ml。

（4）丽春红 S 染液

1）储存液：2.0g 丽春红 S+30g 三氯乙酸+30g 磺基水杨酸，加蒸馏水至 100ml。

2）使用液：使用前取 1 份储存液加 9 份去离子水，混匀使用后即废弃。

（5）TBS 液：9g NaCl+12.1g Tris，加蒸馏水 500ml 溶解，加 0.1mol/L HCl 溶液（标定过）403ml，调节 pH 至 7.5，定容至 1000ml。

（6）封闭液：1g 牛血清白蛋白（或脱脂牛奶）+50μl Tween20，用 TBS 液定容至 100ml。

（7）稀释抗体：取 20μlHRP-羊抗人 IgG 抗体，加封闭液 16ml，混匀。

（8）漂洗液（TBST 液）：400ml TBS 液+1ml Tween20，混匀。

（9）底物溶液：①30mg 二氨基联苯胺溶于 30ml 蒸馏水，加 TBS 液 5ml，过滤定容至 50ml，临用前配，放棕色瓶中。②0.3% $CoCl_2$：称取 $CoCl_2$ 30mg 溶于 10ml 蒸馏水。

临用时取①液 9ml②液 1ml，加 10μl 30% H_2O_2，混匀。

实验二十 非放射性 Dig-dUTP 标记 DNA 探针及杂交检测

【目的】

（1）了解非放射性标记 DNA 探针的基本操作方法。

（2）熟悉杂交技术的原理和基本操作。

【原理】 DNA 通过异羟基洋地黄毒苷（digoxigenin，Dig）配基标记的脱氧尿嘧啶核苷三磷酸（dUTP）随机插入结合而被标记。dUTP 是核苷酸的类似物，通过间臂连接类固醇半抗原异羟基洋地黄毒苷配基，形成 Dig-dUTP，杂交反应后，杂交的靶 DNA 通过酶联免疫法与一个抗体复合物［抗异羟基洋地黄毒苷配基碱性磷酸酶复合物（Dig）Ap］结合，接着在 5-溴-4-氯-3-吲哚磷酸盐（X-磷酸盐）和硝基四氮唑盐（NBT）存在下，由酶催化反应，在杂交部位形成蓝紫色带或颗粒。

【操作】

1. 转移　通过打点吸渍、噬菌斑或 Southern 印迹转移等方法，把被测的 DNA 转移到硝酸纤维素膜或尼龙膜上。

2. 标记探针　取微型离心管于冰上，依次加入：1μg 新鲜变性的 DNA；2μl 六聚核苷酸混合物；2μl dNTP 标记用混合物；加无菌双蒸水至 19μl；加 1μlDNA 聚合酶大片段。37℃保温 1～20 小时，加入 2μl EDTA(0.2mol/L)，终止反应，加 2μl 4mol/L LiCl 溶液，75μl 预冷的乙醇沉淀 DNA，-7℃30 分钟或-20℃2 小时、离心收集沉淀物，真空干燥后加 50μl TE 溶解。

3. 预杂交　膜放入袋内 68℃预杂交 1 小时，两膜每 $100cm^2$ 至少用 20ml 预杂交溶液。

4. 杂交　每 $100cm^2$ 膜用 2.5ml 杂交液（杂交溶液用预杂交溶液中加新鲜变性的探针组成），68℃至少杂交 6 小时。

5. 洗膜　室温下用 50ml 2×SSC 0.1% (*w/v*) SDS 洗膜 5 分钟×2 次，68℃用 0.1×SSC 0.1% (*w/v*) SDS 洗膜，15 分钟×2 次，晾干。

6. 检测

(1) 膜在缓冲液 Ⅰ 中洗涤 1 分钟。用缓冲液 Ⅱ 封闭膜上非特异性蛋白吸附位点 30～60 分钟。

(2) 缓冲液 Ⅰ 稀释抗体复合物至 150mU/ml(1∶5000)，稀释后的抗体复合物在 4℃只能稳定 12 小时。

(3) 膜在 20ml 稀释的抗体复合物溶液中保温 30 分钟。

(4) 用缓冲液 Ⅰ 洗膜 15 分钟×2 次。

(5) 在缓冲液 Ⅱ 中平衡 2 分钟。

(6) 在黑暗条件下，膜与新鲜配制的显色溶液放塑料袋内密封或放入合适的盒子内，几分钟开始显色。

(7) 用 50ml 缓冲液 Ⅳ 洗膜 5 分钟，终止反应。

(8) 摄影记录结果。

【试剂】

(1) DNA 稀释缓冲液：Tris · Cl(10mmol/L)、EDTA(1mmol/L) pH 8.0，内含鱼精 DNA 50μg/ml。

(2) 10×六聚核苷酸反应混合物。

(3) dNTP 标记用混合底物：1mmol/L dATP、1mmol/L dCTP、1mmol/L dGTP、0.65mmol/L dTTP、0.35mmol/L Dig-dUTP、pH 6.5(20℃)。

(4) DNA 聚合酶 Ⅰ 大片段（标记级）：2U/μl。

(5) (Dig) Ap 结合物：多克隆抗异羟基洋地黄毒苷配基 Fab 片段，结合有碱性磷酸酶 750U/ml。

(6) NBT：浓度为 75mg/ml，溶于 70% (*v/v*) 二甲基甲酰胺的硝基四氮唑蓝盐溶液。

(7) X-磷酸盐：50mg/ml，溶于二甲基甲酰胺的 5-溴-4-氯-3-吲哚磷酸盐。

(8) 封阻试剂：粉剂。

(9) 0.2mol/L EDTA，pH8.0(20℃)。

(10) 4mol/L LiCl 溶液。

(11) 70% 乙醇溶液。

(12) 10% (*v/v*) 十二烷基肌氨酸钠盐溶液。

（13）10% SDS。

（14）20×SSC：配制见实验十八。

（15）杂交溶液：5×SSC，0. 1%（*w/v*）封阻试剂，0. 02%（*w/v*）SDS。

（16）缓冲液Ⅰ：100mmol/L Tris · Cl，150mmol/L NaCl，pH 7. 5（20℃）。

（17）缓冲液Ⅱ：0. 5%（*w/v*）封阻试剂溶于缓冲液中，封阻试剂不会快速溶解，因此应提前 1 小时前配制此溶液，将试剂溶于 50 ~ 70℃，此溶液保持混浊。

（18）缓冲液Ⅲ：100mmol/L Tris · Cl、100mmol/L NaCl 溶液、50mmol/L NaCl 溶液、50mmol/L $MgCl_2$ 溶液、pH 9. 5（20℃）。

（19）缓冲液Ⅳ：100mmol/L Tris · Cl、1mmol/L EDTA、pH 8. 0（20℃）。

（20）显色溶液（新鲜配制）：10ml 缓冲液Ⅲ中，加 45μl NBT 溶液和 35μl ×磷酸盐溶液。

第二篇　综合性实验

第六章　蛋白质定量分析方法学比较

蛋白质含量测定法是生物化学与分子生物学实验中最常用、最基本的分析方法之一。蛋白质的定量测定方法有很多,主要有三类:①根据蛋白质元素组成特点进行分析的,如凯氏定氮法;②根据蛋白质组成特点进行的各种化学反应建立的比色法,如第二章介绍的双缩脲法以及以下要叙述的Lowry改良法、考马斯亮蓝法、BCA(二喹啉甲酸)法等;③蛋白质紫外吸收特性而建立的紫外分光光度法等。

虽然蛋白质测定方法很多,但并不能在任何条件下适用于任何形式的蛋白质。不同的方法有各自的优缺点,因此在选择测定方法时,可根据实验要求进行选择。主要从以下几点考虑:①实验对测定所要求的灵敏度和精确度;②蛋白质的性质;③溶液中存在的干扰物质;④测定所要花费的时间等。

实验二十一　Lowry改良法测定蛋白质浓度

【目的】

(1)掌握Lowry改良法测定蛋白质浓度的原理。

(2)熟悉Lowry改良法测定蛋白质浓度的基本操作。

【原理】　Lowry改良法是在Folin酚试剂法和双缩脲法的基础上建立的蛋白质含量分析法。其原理是蛋白质在碱性溶液中其肽键与Cu^{2+}螯合,形成蛋白质-铜复合物。此复合物使Folin酚试剂中的磷钼酸盐-磷钨酸盐还原,产生深蓝色化合物。在一定条件下,利用蓝色深浅与蛋白质浓度的线性关系作标准曲线可测定样品中蛋白质的浓度。

【操作】　取试管7支,编号,按表2-6-1操作。

表2-6-1　Lowry改良法测定操作表

试剂	标准管					测定管	空白管
	1	2	3	4	5	6	7
蛋白质标准液(ml)	0.2	0.4	0.6	0.8	1.0	—	—
生理盐水(ml)	0.8	0.6	0.4	0.2	—	—	1.0
待测样本(ml)	—	—	—	—	—	1.0	—
试剂甲(ml)	5.0	5.0	5.0	5.0	5.0	5.0	5.0
混匀,置于20~25℃水浴保温10分钟							
试剂乙(ml)	0.5	0.5	0.5	0.5	0.5	0.5	0.5

立即混匀,在20~25℃水浴保温30分钟。用660nm比色,空白管调零点,测定光密度值。

【计算】

(1) 绘制标准曲线。

(2) 以测定管光密度值,查找标准曲线,求出待测血清中蛋白质浓度(g/L)。

(3) 从标准管中选择一管与测定管光密度相接近者,求出待测血清中蛋白质浓度(g/L)。

【方法优缺点】 Lowry 改良法将双缩脲法和 Folin 酚试剂法这两种方法结合起来,大大提高了蛋白质分析的敏感度和精确性。

(1) 优点:①具有作为比色法的共同优点,操作简便;②采用酚试剂反应使得灵敏度提高,其灵敏度比双缩脲法高 100 倍左右;③结合使用双缩脲反应避免了酚试剂反应局限于色氨酸和酪氨酸所造成的蛋白质测定偏差。Lowry 改良法的蛋白质测定范围为 1 ~ 15μg/ml。

(2) 缺点:①对样品的溶解度要求高,在显色后必须保持光学透明度;②酚试剂在碱性溶液中稳定性差,容易导致测定误差;③反应易受多种物质干扰,如含巯基化合物、糖类、钾离子、甘油、尿素、游离氨基酸和核酸类物质等均干扰测定结果。

【注意事项】

(1) 选用的标准品溶液的蛋白质浓度范围应该与其呈色强度有良好的线性关系。

(2) 注意干扰物质对测定结果的影响。

(3) 注意比色时间,在反应 15 分钟到 1 小时内比色比较好。

【器材】 7220 型分光光度计、恒温水浴箱、中试管、刻度吸管。

【试剂】

1. 试剂甲

(1) 4% 碳酸钠(Na_2CO_3)溶液。

(2) 0.2mol/L 氢氧化钠(NaOH)溶液。

(3) 1% 硫酸铜溶液($CuSO_4 \cdot 5H_2O$)。

(4) 2% 酒石酸钾钠溶液(或酒石酸钾或钠)。

在使用前(1)与(2)、(3)与(4)等体积混合,再将两混合液按 50∶1 比例混合,即为试剂甲。该试剂只能用一天,过期失效。

2. 试剂乙

(1) 市售酚试剂在使用前用 NaOH 滴定,以酚酞为指标剂,根据试剂酸度将其稀释,使最后酸度为 1mol/L。

(2) 取 $Na_2WoO_4 \cdot 2H_2O$ 100g 和 Na_2MoO_3 25g,溶于蒸馏水 700ml 中,再加 85% H_3PO_4 50ml 和 HCl(浓)100ml,将上物混合后,置 1000ml 圆底烧瓶中温和地回流 10 小时,再加硫酸锂($Li_2SO_4 \cdot H_2O$)150g、蒸馏水 50ml 及溴水数滴。继续沸腾 15 分钟后以除去剩余的溴,冷却后稀释至 1000ml 然后过滤,溶液应呈黄色或金黄色(如带绿色者不能用),置于棕色瓶中保存,使用时用标准 NaOH 滴定,以酚酞为指示剂,而后稀释约一倍,使最后酸度为 1mmol/L。

3. 标准蛋白质溶液 用结晶牛血清白蛋白,根据其纯度用蒸馏水配制成 0.25mg/ml 的蛋白质溶液(纯度可经凯氏定氮法测定蛋白质含量而确定)。

4. 待测样品 准确取血清 0.1ml,置于 50ml 容量瓶中,加 0.9% NaCl 溶液至刻度,充分混匀,也可以用尿液为样品。

实验二十二 考马斯亮蓝法测定蛋白质浓度

【目的】

(1) 掌握考马斯亮蓝法测定蛋白质浓度的原理。

(2) 熟悉考马斯亮蓝法测定蛋白质浓度的基本操作。

【原理】 考马斯亮蓝法(Bradford 法)是目前灵敏度最高的蛋白质测定法之一。它是1976 年由 Bradford 根据蛋白质与染料相结合的原理设计的。本方法具有操作方便、快速、干扰因素少的特点。考马斯亮蓝 G250 能与蛋白质的疏水微区相结合,这种结合具有高敏感性。考马斯亮蓝 G250 的最大吸收峰在 465nm。当与蛋白质结合形成复合物时呈青色,其最大吸收峰变为 595nm。在一定范围内,在 595nm 下光密度与蛋白质含量呈线性关系,故可以用于蛋白质含量的测定。

【操作】 常量法操作。

(1) 配制 1mg/ml 的标准蛋白溶液。制备系列稀释液,其浓度分别为 1000μg/ml、500μg/ml、250μg/ml、125μg/ml、62. 5μg/ml 和 31. 25μg/ml。

(2) 取血清 0. 25ml 直接置于 50ml 容量瓶中,加生理盐水至刻度,摇匀(此法样品稀释 200 倍)。

(3) 按表 2-6-2 操作。

表 2-6-2 考马斯亮蓝法测定蛋白质浓度操作表

试剂	标准管					测定管	对照管
	1	2	3	4	5	6	7
标准样品(ml)	0. 1	0. 1	0. 1	0. 1	0. 1	—	—
生理盐水(ml)	—	—	—	—	—	—	0. 1
待测血清(ml)	—	—	—	—	—	0. 1	—
染液(ml)	5. 0	5. 0	5. 0	5. 0	5. 0	5. 0	5. 0

摇匀,室温静置 3 分钟。对照管调零,在 7220 型分光光度计于波长 595nm 处读取光密度。

【计算】

(1) 以各管光密度为纵坐标,蛋白质浓度(μg/ml)为横坐标绘制标准曲线。查标准曲线,求得稀释样品蛋白质浓度。

(2) 未知样品蛋白质浓度 μg/ml=稀释样品浓度×稀释倍数

【优缺点】

(1) 操作简便、快速、检测灵敏、重复性好。

(2) 显色迅速稳定,约于 2 分钟内完成染料与蛋白质的结合。所现颜色至少在 1 小时内稳定。

(3) 与改良 Lowry 改良法相比,干扰物质较少。

(4) 灵敏度高于 Lowry 改良法。

微量法测定蛋白含量范围为 1 ~ 10μg;常量法检测范围 10 ~ 100μg。

【注意事项】

(1) 当样品中存在较大量的十二烷磺酸钠(SDS)、TritonX-100 等去垢剂时,显色反应会受到干扰。如样品缓冲液呈强碱性时也会影响显色,故必须预先处理样品。

(2) 反应在5分钟后显色充分,但在10分钟后可能开始出现沉淀,故建议在加入染色液后5~10分钟内完成检测,误差较小。

(3) 使用时将考马斯亮蓝G250染色液放置至室温再使用,有利于提高检测的灵敏度。染色液使用前请混匀,考马斯亮蓝G250染色液不宜久存,以1~2个月为宜。

【器材】 7220型分光光度计、试管、吸管。

【试剂】

(1) 0.9% NaCl溶液。

(2) 待测血清。

(3) 1mg/ml的标准蛋白溶液。

(4) 染液[0.01%考马斯亮蓝G250/4.7% (*w/v*)/乙醇/8.5% (*w/v*)磷酸]:考马斯亮蓝G250 0.1g溶于0.5ml 95%乙醇溶液。再加入100ml 85% (*w/v*)磷酸,然后加蒸馏水定容到1000ml,置4℃冰箱备用。

实验二十三 二喹啉甲酸法测定蛋白质浓度

【目的】

(1) 掌握二喹啉甲酸法测定蛋白质浓度的原理。

(2) 熟悉二喹啉甲酸法测定蛋白质浓度的一般操作。

【原理】 二喹啉甲酸(bicinchoninic acid,BCA)与硫酸铜等试剂组成的试剂,混合一起后颜色为苹果绿,即BCA工作试剂。在碱性条件下,BCA与蛋白质结合时,蛋白质将Cu^{2+}还原为Cu^{+},一个Cu^{+}螯合两个BCA分子,工作试剂由原来的苹果绿变成紫色复合物,在一定范围内,颜色深浅与蛋白质浓度成正比。

【操作】 取试管7支,编号,按表2-6-3操作。

表2-6-3 BCA法测定蛋白质浓度操作表

样品	标准管					测定管	空白管
	1	2	3	4	5	6	7
蛋白质标准液(μl)	20	40	60	80	100	—	—
双蒸水(μl)	80	60	40	20	—	—	100
待测样品(μl)	—	—	—	—	—	100	—
BCA工作液(ml)	2.0	2.0	2.0	2.0	2.0	2.0	2.0

混匀,置于20~25℃水浴保温30分钟,用562nm比色,测定吸光度值。

【计算】

(1) 绘制标准曲线。

(2) 以测定管吸光度值,查找标准曲线,求出待测血清中蛋白质浓度(g/L)。

(3) 从标准管中选择一管与测定管光密度相接近者,求出待测血清中蛋白质浓度(g/L)。

【优缺点】

(1) 操作简便、快速,45分钟内完成测定,比经典的Lowry改良法快4倍且更加方便;

(2) 准确灵敏,试剂稳定性好,BCA试剂的蛋白质测定范围是20~200μg/ml,微量BCA

测定范围在 0.5 ~ 10μg/ml。

(3) 经济实用,除试管外,测定可在微板孔中就进行,大大节约样品和试剂用量。

(4) 抗试剂干扰能力比较强,但仍会受到一些物质如巯基试剂和去垢剂的干扰。

【器材】 7220 型分光光度计、恒温水浴箱、枪式移液管。

【试剂】

(1) 试剂 A:1% BCA 二钠盐、2% 无水碳酸钠溶液、0.16% 酒石酸钠溶液、0.4% 氢氧化钠溶液、0.95% 碳酸氢钠溶液,混合调 pH 至 11.25。

(2) 试剂 B:4% 硫酸铜。

(3) BCA 工作液:试剂 A 100ml+试剂 B 2ml 混合。

(4) 蛋白质标准液(1.5mg/ml):用结晶牛血清白蛋白根据其纯度用生理盐水配制成(纯度可经凯氏定氮法测定蛋白质含量而确定)。

(5) 待测样品:用双缩脲测定法的样品稀释而成。

实验二十四　紫外分光光度法测定蛋白质浓度

【目的】

(1) 掌握紫外分光光度法测定蛋白质含量的原理。

(2) 熟悉紫外分光光度计的使用。

【原理】 蛋白质分子中含有具有共轭双键的酪氨酸、色氨酸等芳香族氨基酸。它们具有吸收紫外光的性质,其吸收高峰在 280nm 波长处,且在此波长内吸收峰的光密度值与其浓度成正比关系,故可作为蛋白质定量测定的依据。但由于各种蛋白质的酪氨酸和色氨酸的含量不同,故要准确定量,必须要有待测蛋白质的标准纯品作比较,或且已经知道其消光系数作为参考。

不少杂质在 280nm 波长下也有一定吸收能力,可能发生干扰。其中尤以核酸(嘌呤和嘧啶碱)的影响更为明显。核酸的最大吸收峰是在 260nm,因此溶液中同时存在核酸时,必须同时测定 OD_{260} 与 OD_{280},根据两种波长的吸收度的比值,通过经验公式校正,以消除核酸的影响而推算出蛋白质的真实含量。

【操作】 取试管 7 支,按表 2-6-4 操作。

表 2-6-4　紫外分光光度法测定蛋白质浓度操作表

样品	标准管					测定管	空白管
	1	2	3	4	5	6	7
稀释蛋白质标准液(ml)	0.5	1.0	1.5	2.0	2.5	—	—
待测稀释血清样本(ml)	—	—	—	—	—	0.4	—
生理盐水(ml)	3.5	3.0	2.5	2.0	1.5	3.6	4.0

各管混匀,盛于石英杯中,用紫外分光光度计,以空白管调节零点,分别于 280nm、260nm 波长下测定各管光密度。

【计算】

(1) 直接根据标准液与待测液的光密度值(OD_{280nm}),或从标准曲线,求得样本蛋白质含量。

以标准管各管光密度值为纵坐标，以蛋白质浓度为横坐标绘制标准曲线。然后根据测定管光密度值，直接查标准曲线求得样本中蛋白质的含量。

1）选一种与待测样本蛋白质氨基酸组成相近似的蛋白质纯品，用生理盐水稀释至浓度为 1mg/ml，作为稀释标准蛋白质溶液。

2）用生理盐水稀释待测样本蛋白质至浓度约为 1mg/ml，即为稀释样本蛋白质溶液。

（2）利用经验公式直接计算样本蛋白质含量

准确吸取血清样本 0.1ml 置于 50ml 容量瓶中，用生理盐水稀释至刻度，即 500 倍稀释，在 280nm 和 260nm 两处波长分别测得光密度值，按下列公式计算：

1）$OD_{280}/OD_{260}<1.5$ 时，用 Lowry-Kalokar 公式：

$$样本蛋白质含量(mg/ml)=1.45OD_{280}-0.74OD_{260}$$

2）$OD_{280}/OD_{260}>1.5$ 时，用 Lamber-Beer 定律计算：

$$样本蛋白质含量(mg/ml)=OD_{280}/K\times L=(OD_{280}/6.3\times1)\times10g/L$$

本实验样品：牛血清白蛋白 $E_{1cm}^{1\%}=6.3[100ml/(cm\cdot g)]$

K：克分子消光系数；$E_{1cm}^{1\%}$：百分吸光系数。

注：不同蛋白质中的酪氨酸和色氨酸含量有差异，故标准管与测定管的蛋白质氨基酸组成应相似，以减小误差。

【优缺点】

（1）操作简便、快速，样品经稀释后，倒入比色杯即可测定。

（2）样品不损失，测定后可以回收，多用于纯化蛋白质的微量测定。

（3）主要缺点是精确度差，由于其他物质在同一紫外区有吸收（核酸或一些缓冲液成分）以及不同蛋白质中芳香族氨基酸的含量变动过大所造成的。

【器材】 UV-9200 紫外分光光度计、50ml 容量瓶。

【试剂】

（1）生理盐水。

（2）清蛋白（人或牛）结晶。

（3）待测样本蛋白质：用双缩脲法测定蛋白质的样品用生理盐水稀释而成。

第七章 酶分离纯化与动力学分析

一、生物大分子的制备与鉴定的总体策略

（一）生物大分子的制备

1. 制备的意义 蛋白质、酶和核酸这三大类物质都是生物大分子，它们都具有十分重要的生理功能。酶是生物催化剂，核酸是遗传信息的携带者，蛋白质是生命现象的基础。因此，对生物大分子的结构与功能的研究具有十分重要的理论和实践意义。而这研究的首要条件是制备高纯度的生物大分子，否则对其结构与功能的研究就无从谈起。

2. 制备方法的分类 依理化性质，分离、纯化生物大分子的方法可分四个类型。

（1）按分子大小和形态分类：采用高速离心、过滤、分子筛、透析等方法。

（2）按溶解度分类：采用盐析、溶剂抽提、分配层析、逆流分配、结晶等方法。

（3）按电荷差异分类：采用电泳、电渗析、等电点沉淀、离子交换层析、吸附层析等方法。

（4）按生物功能专一性分类：采用亲和层析法。

3. 制备的总体思路 一般可分为六个阶段。

（1）材料选择与预处理：动物、植物和微生物都是制备生物大分子的材料，选什么材料主要依靠实验的目的而定，选材料时应注意以下几个问题：

1）使用的目的：从科学实验的特殊需要出发，选材应符合实验预定目标。

2）材料的生理状态差异：选材时要注意植物的季节性、微生物的生长期和动物的生理状态。如微生物生长的对数期，酶与核酸的含量较高。材料选定后，通常要进行预处理，如动物组织要剔除结缔组织、脂肪组织等非活性部位，植物种子先行去壳、除脂、微生物需将菌体和发酵液分离开，暂时不用材料尚需冷冻保存。

（2）细胞的破碎及细胞器的分离

1）细胞的破碎：除了提取液和细胞外某些多肽激素、蛋白质和酶不需破碎细胞膜，对于细胞内和多细胞生物组织中各种生物大分子的分离提纯都需要事先将细胞和组织破碎，使生物大分子充分释放到溶液中。不同生物体，或同一生物体的不同组织，其细胞破碎难易不一致，因此使用方法也不完全相同，通常两种方法共同使用。

A. 物理方法：机械切力的作用，如高速组织捣碎机、玻璃匀浆器、研磨；物理因素的作用，如反复冻融法、冷热交替法、超声波处理法、加压破碎法。

B. 化学及生物化学法：自溶法、溶菌酶处理法、表面活性剂处理法、改变细胞膜透性法。

但是，不管采用哪种方法，都需要在一定稀盐溶液或缓冲溶液中进行，且需加某些保护剂，以防止生物大分子的变性及降解。

2）细胞器的分离：制备某种生物大分子时，往往需要采用细胞中某一部分为材料；或者为了纯化某一特定细胞器上的生物大分子，通常破碎细胞后，先分离各组分，以防干扰。这对制备一些高难度和高纯度的生物大分子是必要的，细胞器的分离，一般采用差速离心法。此法是利用细胞各组分质量大小不同，在离心管不同区域沉降的原理，分离出所需组分。

分离得到的细胞器,其纯度可采用电子显微镜法、免疫学法或测定标志酶活力法进行鉴定。

(3) 提取:提取又称抽提或萃取,其作用是将经过处理或破碎了的细胞置于一定的条件和溶剂中,让被提取的生物大分子充分地释放出来。提取效果如何,取决于该物质在溶剂中溶解度的大小和该物质的分子结构及使用溶剂的理化性质。通常极性物质易溶于极性溶剂,非极性物质易溶于非极性有机溶剂;碱性物质易溶于酸性溶剂,酸性物质易溶于碱性溶剂中。温度高时,一般溶解度相应增大,在远离生物大分子等电点的 pH 时溶解度增加,从细胞中提取生物大分子会受扩散作用的影响和分配定律的支配。由于影响因素较多,在实际制备时应根据经验并结合具体实验条件灵活地加以应用。

(4) 分离纯化:从细胞中提取出来的生物大分子不够纯净,常含许多同类的或异类的物质,必须进一步分离纯化才能获得纯品。生物大分子制备工作中,分离纯化这一步既重要又复杂,主要方法可归纳为两类。

1) 对异类物质的分离:常采用专一性酶水解、有机溶剂抽提、选择性分部沉淀和液固相转化透析分离等方法。

2) 对同类物质的分离:常采用盐析、有机溶剂沉淀、等电点沉淀、结晶、电泳、超离心、柱层析和吸附等方法。

(5) 浓缩与结晶

1) 浓缩是指低浓度溶液通过除去溶剂(包括水)变为高浓度溶液的过程,常在提取后结晶前进行,有时也贯穿在整个制备过程中。浓缩的方法常采用:①蒸发法,薄膜蒸发浓缩,减压加温蒸发浓缩,空气流过蒸发浓缩;②冷冻法;③吸收法;④超滤法。

2) 结晶是指使溶质呈晶态从溶液中析出的过程。结晶除作为生化制备一种纯化手段外,其结晶化合物还常常是生物大分子结构的分析研究的材料,常用以下方法进行结晶:①盐析法,加固体盐法、加饱和盐溶液法、透析法;②有机溶剂法;③等电点法;④脱盐结晶法;⑤加金属离子结晶法。

(6) 干燥与保存

1) 干燥是指将潮湿的固体、半固体或浓缩液中的水分(或溶剂)蒸发除去的过程,最常用的方法是真空干燥和冷冻干燥。

2) 保存是指样品如何存放的问题。保存方法与生物大分子的稳定性密切相关,常采用干态储藏和液态储藏的方法。干态储藏法就是将干燥后的样品置于干燥器内(内装有干燥剂)密封,保持 0~4℃冰箱中即可;液态储藏法,首先免去了繁杂的干燥过程,生物大分子的活性和结构破坏较少,但应注意样品不能太稀,必须浓缩到一定浓度才能封装储藏,必须加入防腐剂和稳定剂。常用的防腐剂有甲苯、苯甲酸、氯仿、百里酚等。蛋白质和酶常用的稳定剂有硫酸铵糊、蔗糖、甘油等。另外,储藏温度要求较低,大多数在0℃左右冰箱保存,有的则要求更低。但不管采用哪种方法,都必须避免长期暴露在空气中,以防微生物的污染。

(二) 鉴定

经过一系列的分离纯化,所得到的物质是不是我们所需要的,样品的纯度如何,都需要进一步的鉴定,包括纯度鉴定、性质与功能鉴定、结构鉴定等,鉴定的方法很多,具体实验中可根据研究的需要选择某些方法。

1. 纯度鉴定

(1) 电泳法:纯的蛋白质、核酸样品在其稳定的范围内,在一系列不同的 pH 条件下进行电泳时,都以单一的泳动速度移动。因此,在区带电泳中,其电泳图谱只有一个条带。蛋白质一般采用聚丙烯酰胺凝胶电泳、乙醇纤薄膜电泳等,核酸样品一般采用琼脂糖电泳。

(2)沉降分析法:纯的蛋白质、核酸样品在离心力的影响下,以单一的沉降速度运动,离心后只能得到一个条带。

(3)恒溶度法:纯的蛋白质在一定的溶剂系统中具有恒定的溶解度,而不依赖于溶液中未溶解固体的数量。在严格规定的条件下,以加入固体蛋白质的量为横坐标,以溶解蛋白质的量为纵坐标作图,如果蛋白质样品是纯的,那么溶解度曲线只呈现一个折点,在折点之前,直线的斜率为1,在折点以后,斜率为0;不纯的蛋白质的溶解度曲线常呈现两个或两个以上的折点。

2. 性质与功能鉴定

(1)分子量测定:蛋白质、核酸样品可通过适当的实验方法,测定出样品的分子量。蛋白质可以采用渗透压法、沉降分析法、通透层析法、SDS-PAGE 电泳法等。核酸样品可采用琼脂糖电泳法、聚丙烯酰胺凝胶电泳法等。

(2)蛋白质等电点测定:可通过等电聚焦电泳法。

(3)功能鉴定:具有酶或激素性质的样品可以利用其酶活性或激素活性来测定含量。而不具有酶或激素活性的蛋白质,可以先用来免疫适当的动物,产生抗体后,利用抗原-抗体反应,也可以测定某一特定蛋白质的含量。这些生物学方法的测定和总蛋白质测定配合起来,可以用来研究蛋白质分离过程中某一特定蛋白质的提纯程度。提纯程度常用这一特定成分与总蛋白之比来表示。提纯工作一直要进行到这个比例不再增加为止。

3. 结构鉴定

(1)末端测定:可采用 DNS-氨基酸或 DNP-氨基酸聚酰胺薄膜层析法测定。

(2)组成分析:把样品完全水解后进行氨基酸或核苷酸的组成分析,并计算出各种氨基酸或核苷酸的分子比。

(3)"指纹"分析:将制备的样品与标准样品在相同条件下用蛋白酶或核酸内切酶进行部分水解,再进行电泳,通过电泳图谱的比较,可以判断所分离到的样品是否是所需要的成分。

(4)序列测定。

(5)探针技术:把电泳分离的组分从凝胶转移至一种固相支持体,然后用已放射性标记或酶标记的特异性试剂作为探针,针对于特定氨基酸序列或核苷酸序列进行检测。探针技术特异性强,灵敏度高,而且样品无需经过复杂的分离纯化即可进行鉴定。

1)Southern 印迹:用来对 DNA 特定序列进行定位、鉴定。

2)Northern 印迹:用于测定总 RNA 或样品中特定 mRNA 分子的大小和浓度。

3)Western 印迹:用于对非放射性标记蛋白组成的复杂混合物中的某些特定蛋白质进行鉴别和定量。

实验二十五　碱性磷酸酶分离纯化及比活性测定

【目的】

(1)掌握碱性磷酸酶分离纯化的实验方法。

(2)掌握酶活性测定的一般实验方法。

【原理】　本实验采取有机溶剂沉淀法从肝匀浆液中提取分离碱性磷酸酶(AKP)。利用乙醇、丙酮、正丁醇等有机溶剂可以降低酶的溶解度,使酶蛋白沉淀析出。

在制备肝匀浆时采用低浓度乙酸钠,可以达到低渗破膜的作用。而乙酸镁则有保护和稳定碱性磷酸酶的作用。匀浆液中加入正丁醇能使部分杂蛋白变性,通过过滤除去变性杂蛋白。含有碱性磷酸酶的滤液进一步用冷丙酮和冷乙醇进行分离纯化。根据 AKP 在终浓度 33% 丙酮或终浓度 30% 乙醇溶液中是溶解的,而在终浓度 50% 丙酮溶液或终浓度 60% 乙醇溶液中是不溶解的性质,采用离心的方法使碱性磷酸酶得到部分纯化。

比活性是指单位重量的蛋白质样品中所含的酶活性单位。因此,随着酶被逐步纯化,其比活性也随之逐步升高,所以测定酶的比活性可以鉴定酶的纯化程度。

根据国际酶学委员会的规定,酶的比活性用每毫克蛋白质具有的酶活性单位来表示。因此,测定样品的比活性必须测定:①每毫升样品中的蛋白质毫克数。②每毫升样品中的酶活性单位数。其中碱性磷酸酶活性用磷酸苯二钠法测定,即以磷酸苯二钠为底物,被碱性磷酸酶水解后产生游离酚和磷酸盐,酚在碱性溶液中与 4-氨基安替吡啉作用,经铁氰化钾氧化,可生成红色的醌衍生物,根据红色的深浅就可测定酚的含量,从而计算出酶的活性大小。

反应如图 2-7-1:

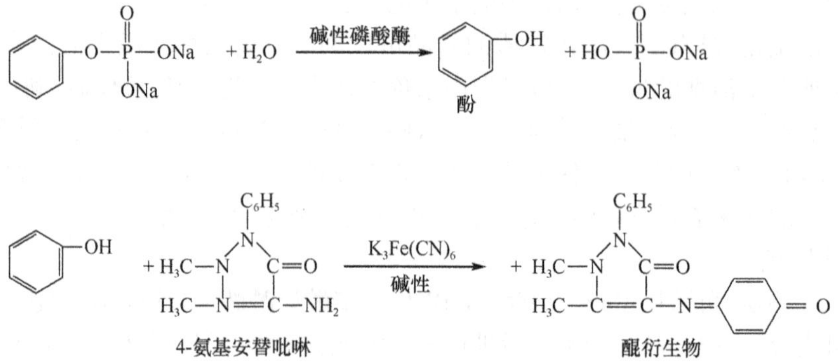

图 2-7-1　实验二十五反应式

酶活性单位:表示在 37℃下保温 15 分钟产生 1μg 酚者为 1 个酶活性单位。样品中的蛋白质含量用 Lowry 改良法测定(见实验二十一)。

【操作】

1. 碱性磷酸酶分离纯化　碱性磷酸酶分离纯化如图 2-7-2 所示。

※加入有机溶剂计算公式:

设加入 $x$ml 95% 乙醇溶液　x=原体积×浓度差/(溶剂浓度−最终浓度)

(1) 加至 30% 浓度

$$(\text{原体积 } V+x)\times 30\% = 95\% \times x \quad x=0.3V/(0.95-0.30)$$

(2) 从 30% 加到 60% 浓度

$$(\text{原体积 } V+x)\times 60-(\text{原体积 } V\times 30\%) = 95\% \times x \quad x=(0.6-0.3)V/(0.95-0.60)$$

丙酮浓度计算与上相仿。

【注意事项】　①各步加入有机溶剂量要准确。否则会影响整个实验结果。②有机溶剂应预先冷却到−10～15℃。③加入有机溶剂时要慢慢滴加,充分搅拌,避免局部浓度过高而引起升温和变性。④加入有机溶剂混匀后不宜放置过久,应立即离心。⑤采用短时间的离心以析出沉淀,而且最好立即将沉淀溶于适量的缓冲液中,以避免酶活力的丧失。⑥凡弃去上清液中含有丙酮及乙醇者均需倒入回收瓶中回收。

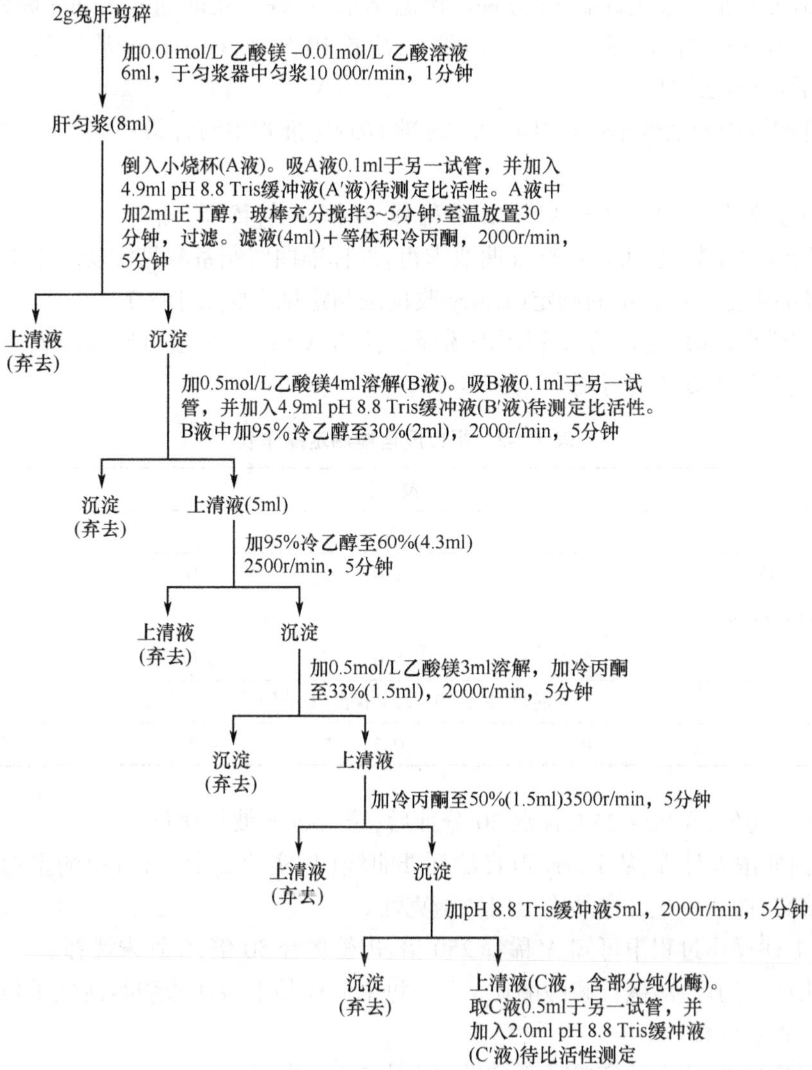

图 2-7-2　碱性磷酸酶分离纯化图

2. 碱性磷酸酶的比活性测定

（1）样品中碱性磷酸酶活性测定

1）取试管 5 支,编号,按表 2-7-1 操作。

表 2-7-1　碱性磷酸酶活性操作表

试剂	测定管			标准管	空白管
	A′	B′	C′		
各阶段稀释液(ml)	0.1	0.1	0.1	—	—
酚标准液(ml)	—	—	—	0.1	—
Tris 缓冲液 pH 8.8(ml)	—	—	—	—	0.1
置 37℃水浴中保温 5 分钟					
复合基质液(ml)	3.0	3.0	3.0	3.0	3.0

混匀,37℃水浴中准确保温 15 分钟。保温结束后,各管立即加入 1.0ml 碱性溶液终止反应,再加入 0.5% 铁氰化钾 2.0ml,立即混匀,静置 10 分钟,在 510nm 波长下比色。

2）酶活性单位计算

每毫升酶液中酶活性单位=测定 *OD*/标准 *OD*×标准管中酚含量×1/0.1×稀释倍数

附:

A. 从上述操作过程中可知 A′管、B′管稀释 50 倍,C′管稀释 5 倍。

B. 酶活性单位数,也可通过标准曲线求得;酚标准曲线制备参见实验二十七。

（2）样品中蛋白质含量的测定(Lowry 改良法测定见实验二十一)

1）测定蛋白质时,保留的 A′管还需稀释 5 倍为 A″管,否则蛋白质浓度太高,其余各管不需再稀释,各用 1.0ml 进行测定(表 2-7-2)。

表 2-7-2　蛋白质含量测定操作表

试剂	测定管			空白管
	A′	B′	C′	
各阶段稀释液(ml)	1.0	1.0	1.0	—
Tris 缓冲液 pH 8.8(ml)	—	—	—	1.0
试剂甲(ml)	5.0	5.0	5.0	5.0
混匀,置于 20～25℃保温 10 分钟				
试剂乙(ml)	0.5	0.5	0.5	0.5

立即振摇均匀,在 20～25℃保温 30 分钟后,于 660nm 波长比色。

2）蛋白质浓度计算:从 Lowry 改良法标准曲线(见实验二十一)查得的蛋白质毫克数,乘以稀释倍数,即为每毫升样品中蛋白质毫克数。

注:从上述操作过程中可知 A″稀释 250 倍,B′管稀释 50 倍,C 管未稀释。

（3）比活性的计算:碱性磷酸酶比活性=每毫升样品中碱性磷酸酶活性单位数/每毫升样品中蛋白质毫克数

（4）实验结果:将上述实验计算结果填入表 2-7-3 内。

表 2-7-3　实验结果记录表

分离阶段	每毫升蛋白质毫克数	每毫升酶活性单位数	比活性(单位/毫米)	纯化倍数
匀浆 A 液				
B 液				
C 液				

【器材】 7220 分光光度计、台式离心机、恒温水浴箱、匀浆器。

【试剂】

（1）0.5mol/L 乙酸镁溶液(相对分子质量 214.45):称取乙酸镁 107.25g 溶于蒸馏水中,稀释至 1000ml。

（2）0.1mol/L 乙酸钠溶液(相对分子质量 82.03):称取乙酸钠 8.2g 溶于蒸馏水中,稀释至 1000ml。

（3）0.01mol/L 乙酸镁-0.01mol/L 乙酸钠溶液:量取 0.5mol/L 乙酸镁溶液 20ml,

0.1mol/L 乙酸钠 100ml，混合后加蒸馏水稀释至 1000ml。

（4）丙酮（分析纯）。

（5）95% 乙醇溶液（分析纯）。

（6）Tris 缓冲液（pH 8.8）：称取 Tris 12.1g，用蒸馏水溶解成 1000ml，为 0.1mol/L Tris 液，取 0.1mol/L Tris 液 100ml，加 0.5mol/L 乙酸镁 20ml 和蒸馏水 800ml，再用 1% 乙酸溶液调节 pH 至 8.8，然后用蒸馏水稀释至 1000ml。

（7）复合基质液：称取磷酸苯二钠 6g、4-氨基安替吡啉 3g 分别溶于煮沸冷却后的蒸馏水中。两液混合并稀释至 1000ml，加入 4ml 氯仿防腐，盛于棕色瓶中，冰箱中保存，可用一周。临用时将此液与等量 0.1mol/L pH 10 碳酸盐缓冲液混合即可。

（8）酚标准液（0.1mg/ml）

1）称取结晶粉酚 1.50g 溶于 0.1mol/L 盐酸至 1000ml，备用。

2）称取 0.8581g 重铬酸钾，用蒸馏水溶解，并稀释至 250ml 浓度即为 0.07mol/L，做基准物。

3）称取 12.5g 硫代硫酸钠 · $5H_2O$，用煮沸后冷却的蒸馏水配成 500ml，加约 0.2g 碳酸钠，保存于棕色试剂瓶中，放暗处，1 周后进行过滤，标定，其浓度大约为 0.1mol/L。

4）称取 6.5g 碘和 10g 碘化钾，混合后用少量蒸馏水溶解。再用蒸馏水稀释至 500ml，保存于棕色试剂瓶，置暗处以待标定，其浓度约为 0.1mol/L。

5）采用间接碘量法，以重铬酸钾为基准物标定硫代硫酸钠溶液；再用标定过的硫代硫酸钠标定碘溶液。

6）标准酚溶液的标定：取 25ml 上述酚溶液，加 50ml 0.1mol/L NaOH 溶液，在沸水浴中加热至 65℃，再加入上述碘液 25ml，盖好放置 30 分钟后，加浓盐酸 5ml，再加 0.1% 淀粉溶液 1ml 为指示剂，用上述硫代硫酸钠滴定。3 分子碘与 1 分子酚起作用，按此比例计算出每毫升酚溶液所含的酚量。应用时按上述结果用蒸馏水将酚溶液稀释至 0.1mg/ml。

（9）0.1mol/L 碳酸盐缓冲液 pH 10（37℃ 时）：称取无水碳酸钠 3.18g 及碳酸氢钠 1.68g 溶解于蒸馏水中，稀释至 500ml。

（10）碱性溶液：量取 0.5mol/L NaOH 溶液与 0.5mol/L $NaHCO_3$ 溶液各 20ml，混合后加蒸馏水至 100ml。

（11）0.5% 铁氰化钾溶液：称取铁氰化钾 5g 和硼酸 15g，各溶于 400ml 蒸馏水中，溶解后两液混合，再加蒸馏水至 1000ml，置棕色瓶中暗处保存。

（12）试剂甲、试剂乙的配制法见实验二十一（Lowry 改良法测定蛋白质含量）。

实验二十六　碱性磷酸酶初速度的测定

【目的】 熟悉碱性磷酸酶初速度测定的一般实验方法。

【原理】 要进行酶的活力测定，首先要确定酶的反应时间，而酶的反应时间并不是任意规定的，应该在初速度范围内进行选择。要求出代表酶反应初速度的时间范围就必须制作酶反应的进程曲线。所谓进程曲线是指酶反应时间与产物生成量（或底物减少量）之间的关系曲线。它表明了酶反应随反应时间变化的情况。本实验的进程曲线是在酶反应的最适条件下采用每间隔一定的时间测定产物生成量的方法，以酶反应时间为横坐标，产物生成量为纵坐标绘制而成。从进程曲线可以看出，曲线的起始部分在某一段时间范围内呈直线，其斜率代表酶反应的初速度。但是，随着反应时间的延长，曲线趋于平坦，曲线的斜率不断下降，说明反应速度逐渐降低。

反应速度随反应时间的延长而降低，这一现象可能是由于反应时间延长以后底物浓度的降低和产物浓度的增高致使逆反应加强等原因所引起的。因此，要真实反映出酶活力的大小，就应该在产物生成量与酶反应时间成正比的这一段时间内进行初速度的测定。换言之，测定酶活力应该在进程曲线的初速度时间范围内进行。制作进程曲线，求出酶反应初速度的时间范围是酶动力学分析中的组成部分和实验基础。

【操作】 取 12 支试管按表 2-7-4 操作。

表 2-7-4 碱性磷酸酶初速度的测定操作表

试剂	1	2	3	4	5	6	7	8	9	10	11	空白
酶稀释液(ml)	0.1	0.1	0.1	0.1	0.1	0.1	0.1	0.1	0.1	0.1	0.1	—
37℃水浴预热 5 分钟												
37℃预热的复合基质液(ml)	3.0	3.0	3.0	3.0	3.0	3.0	3.0	3.0	3.0	3.0	3.0	3.0
37℃精确反应时间(分钟)	3	5	7	10	12	14	20	25	30	40	50	15

各管加碱性溶液 1.0ml 终止反应，再各加 2.0ml 0.5% 铁氰化钾酶稀释液，空白管加 0.1ml 酶液静置 10 分钟。以空白管调零，测出 A_{510}，以反应时间为横坐标，A_{510} 为纵坐标绘制进程曲线，由进程曲线求出碱性磷酸酶反应初速度的时间范围。

【器材】 7220 分光光度计、恒温水浴箱。

【试剂】 见实验二十五(碱性磷酸酶比活性测定)。

实验二十七　碱性磷酸酶 K_m 值测定

【目的】

(1) 掌握碱性磷酸酶 K_m 值测定的方法。

(2) 掌握双倒数作图法。

【原理】 米氏常数是酶促反应动力学中的一个相当重要的常数，通过实验，可理解并掌握利用实验求出 K_m 的方法。

在酶促反应中，当反应体系的温度、pH 及酶浓度恒定时，反应初速度 V 随底物浓度[S]的增加而增加，最后达到极限，此速度称为最大反应速度 V_{max}。Michaelis 和 Menten 根据反应速度和底物浓度的这种关系推导出如下方程：

$$V=\frac{V_{max}[S]}{K_m+[S]}$$

上式称为米-曼氏方程，又称米氏方程，式中 K_m 为米氏常数。根据上式，当 $V=V_{max}/2$ 时，$K_m=[S]$。即 K_m 为反应速度等于最大反应速度一半时的底物浓度，K_m 是酶的特征性常数，测定 K_m 值是研究酶的特性的重要方法之一。

Lineweaver 和 Burk 取米氏方程的倒数，推导出如下方程：

$$\frac{1}{V}=\frac{K_m}{V_{max}}\times\frac{1}{[S]}+\frac{1}{V_{max}}$$

上式称为双倒数方程。根据此方程，以 $1/V$ 为纵坐标，$1/[S]$ 为横坐标，作图可得一直线(图 2-7-3)。

图中直线在 $1/V$ 轴上的截距为 $1/V_{max}$，斜率为 K_m/V_{max}。在 $1/[S]$ 轴上的截距为 $-1/K_m$。因此，根据直线在纵轴和横轴上的截距，可分别求出 V_{max} 和 K_m。

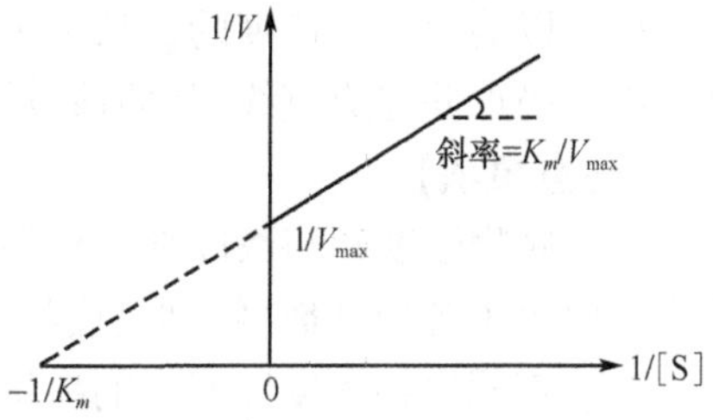

图 2-7-3　1/[S]对 1/V 作图

本实验以碱性磷酸酶为材料，用磷酸苯二钠为其底物。碱性磷酸酶酶活性（V）测定原理见实验二十五。再根据 Lineweaver-Burk 法作图，计算其 K_m 值。

【操作】

1. 底物浓度对酶促反应速度的影响

（1）取试管 8 支，按表 2-7-5 操作（应特别注意准确吸取底物溶液及酶液）。

表 2-7-5　底物浓度对酶促反应速度测定操作表

试剂	1	2	3	4	5	6	7	8
40mmol/L 底物溶液（ml）	0.1	0.15	0.2	0.25	0.3	0.4	0.8	—
碳酸缓冲液（pH 10）（ml）	0.9	0.9	0.9	0.9	0.9	0.9	0.9	0.9
蒸馏水（ml）	0.9	0.85	0.8	0.75	0.7	0.6	0.2	1.0
37℃水浴保温 5 分钟								
酶液（ml）	0.1	0.1	0.1	0.1	0.1	0.1	0.1	0.1
最终底物浓度（mmol/L）	2	3	4	5	6	8	16	0

加入酶液立即计时，混匀后置 37℃水浴准确保温 15 分钟。

（2）保温结束，各管立即加入碱性溶液 1.0ml 以终止反应。

（3）各管中分别加入 0.3% 4-氨基安替吡啉溶液 1.0ml 及 0.5% 铁氰化钾溶液 2.0ml，充分混匀，放置 10 分钟，以第 8 管调零点，于 510nm 波长处比色，测定各管吸光度。

2. 酚含量标准曲线的制备　取试管 6 支，按表 2-7-6 操作。

表 2-7-6　酚含量标准曲线制备表

试剂	1	2	3	4	5	空白
酚标准液（ml）	—	0.1	0.2	0.3	0.4	0.5
蒸馏水（ml）	2.0	1.9	1.8	1.7	1.6	1.5
37℃水浴保温 5 分钟						
碱性溶液（ml）	1.0	1.0	1.0	1.0	1.0	1.0
0.3% 4-氨基安替吡啉溶液（ml）	1.0	1.0	1.0	1.0	1.0	1.0
0.5% 铁氰化钾溶液（ml）	2.0	2.0	2.0	2.0	2.0	2.0

各管混匀后，室温放置 10 分钟，于 510nm 处比色。以第 1 管调零点，读取各管的吸光度，以酚含量（μg）为横坐标，吸光度为纵坐标，绘制酚含量标准曲线。

3. 酶促反应速度计算　酶促反应速度以每 15 分钟所产生酚的微克数（μg/15min）来表示。根据酚标准曲线查出各管的酚含量，即各管在不同底物浓度下的反应速度。

4. 作图

（1）以底物浓度[S]为横坐标，酶促反应速度 V 为纵坐标，在坐标纸上描点并连接各点，观察该图的形状。

（2）以酶促反应速度的倒数 $1/V$ 为纵坐标，以底物浓度[S]的倒数 1/[S]为横坐标，在坐标纸上描点并连成直线，延伸该直线。查出 $-1/K_m$，从而求出该酶的 K_m 值。

【注意事项】

（1）底物浓度和酶浓度都对酶促反应速度产生巨大影响，故该实验的成功与否，在很大程度上取决于各种试剂（特别是底物溶液和酶液）吸液量的准确性。

（2）不同底物浓度所产生的酚量，均应在酚标准曲线范围内，如超出此范围，应将酶液适当稀释。

（3）本实验亦可不制作酚标准曲线，而以 1/[S]对 $1/A$ 作图，因各管吸光度与其酚含量成正比，故可用吸光度代表酶促反应速度。

【器材】 7220 分光光度计、恒温水浴箱。

【试剂】

（1）40mmol/L 底物溶液：称取磷酸苯二钠（$C_6H_5PO_4Na_2 \cdot 2H_2O$）10.16g，用煮沸冷却的蒸馏水溶解并稀释至 1000ml，加 4ml 氯仿防腐。储存于棕色瓶内，冰箱保存此试剂可用一周。

（2）0.1mol/L 碳酸缓冲液（pH 10）

A 液：0.1mol/L 无水碳酸钠（相对分子质量 = 105.91）：称取 5.3g 加蒸馏水溶解至 500ml。

B 液：0.1mol/L 碳酸氢钠（相对分子质量=84.01）：称取 4.2g 加蒸馏水溶解至 500ml。

取 A 液 300ml 与 B 液 200ml 混合，用精密试纸 9.5 ~ 13.0 测应为 pH 10.3。

（3）碱性溶液：量取 0.5mol/L 氢氧化钠溶液与 0.5mol/L 碳酸氢钠溶液各 20ml，混合后加蒸馏水至 100ml。

（4）0.3% 4-氨基安替吡啉溶液：称取 4-氨基安替吡啉 3g，用蒸馏水溶解并稀释至 1000ml，置棕色瓶中，冰箱内保存。

（5）0.5% 铁氰化钾溶液：称取铁氰化钾 5g 和硼酸 15g，各溶于 400ml 蒸馏水中，溶解后两液混合，再加蒸馏水至 1000ml，置棕色瓶中，暗处保存。

（6）pH 8.8 Tris 缓冲液：称取 Tris（三羟甲基氨基甲烷）12.1g，用蒸馏水溶解成 1000ml，为 0.1mol/L Tris 液。取此液 100ml，加 0.5mol/L 乙酸镁 20ml 和蒸馏水 800ml。用 1% 乙酸调 pH 至 8.8，再加蒸馏水至 1000ml。

（7）酶液称取纯制的碱性磷酸酶 5mg，用 pH 8.8 的 Tris 缓冲液配制成 100ml，冰箱内保存。

（8）酚标准液（50μg/ml）

1）称取结晶酚 1.50g，用 0.1ml 盐酸溶液溶解并稀释至 100ml，为储备液。

2）标定：取上述酚液 25ml，加 0.1mol/L 氢氧化钠溶液 55ml，水浴加热至 65℃，再加入 0.05mol/L 碘液（≈0.1mol/L）25.0ml，盖好放置 30 分钟后，加浓盐酸 5ml，再加 0.1% 淀粉 1ml 为指标剂。用 0.1mol/L 硫代硫酸钠滴定。反应式如下：

$$3I_2 + C_6H_5OH \rightarrow C_6H_2I_3(OH) + 3HI$$

$$I_2 + 2Na_2S_2O_3 \rightarrow 2NaI + Na_2S_4O_6$$

根据反应，3 分子碘（相对分子质量为 254）与 1 分子酚（相对分子质量为 94）起作用，因此每毫升 0.1mol/L 碘溶液（含碘 12.7mg）相当于酚的毫克数为：$(12.7\times94)/(3\times254) = 1.567$mg

25ml 碘液中被硫代硫酸钠滴定者为 x ml，则 25ml 酚溶液中所含酚量为：$(25-x)\times1.567$mg

3）应用时按上述标定结果用蒸馏水稀释至50μg/ml，作为酚应用标准液。

实验二十八　pH、温度及抑制剂对碱性磷酸酶活性的影响

一、pH活性曲线的制作和酸碱稳定性试验

【目的】 了解碱性磷酸酶酸碱稳定性的一般实验方法。

【原理】 酶的生物学特性之一是其对酸碱度的敏感性，这表现在酶的活性和稳定性易受环境pH的影响。

pH对酶活性的影响极为显著，通常各种酶只有在一定的范围内才表现出活性，同一种酶在不同的pH条件下所表现的活性不同，其表现活性最高时的pH称为酶的最适pH。各种酶在特定条件下都有它各自的最适pH。在最适pH时，酶分子上活性基团的解离状态最适合于酶与底物的作用，而高于或低于最适pH时，酶的活性基团的解离状态不利于酶与底物的作用，于是酶活力也相应降低。pH除对酶的解离状态产生直接影响外，还可能影响底物的解离和影响反应系统中其他组成成分的解离。

pH不仅对酶活性有很大影响，而且对酶的稳定性也有很大的影响。因为该酶的化学本质是蛋白质，同蛋白质一样容易变性，酶在过酸或过碱的条件下也很容易变性失活。各种酶的酸碱稳定范围是不同的，这就需要制作酸碱稳定性曲线。一般的试验方法是将酶液分成若干份，分别置于一系列不同pH的溶液中保温处理一定时间，然后再调至某一标准的pH或直接在最适pH条件下进行活力测定。以处理的pH为横坐标、反应速度为纵坐标作图，可得到酶的酸碱稳定性曲线，由此即可求出酶的酸碱稳定范围。

【操作】

1. pH活性曲线的制作　取10支试管，按表2-7-7操作。

表2-7-7　pH活性曲线的制作操作表

试剂	1	2	3	4	5	6	7	8	9	空白
反应pH	8	8.5	9	9.5	10	10.5	11	11.5	12	10
相应pH缓冲液(ml)	0.5	0.5	0.5	0.5	0.5	0.5	0.5	0.5	0.5	0.5
酶液(ml)	0.1	0.1	0.1	0.1	0.1	0.1	0.1	0.1	0.1	—
37℃预热5分钟										
37℃预热复合基质液(ml)	3.0	3.0	3.0	3.0	3.0	3.0	3.0	3.0	3.0	3.0

37℃精确保温15分钟，各加1.0ml碱性溶液终止反应，0.5%铁氰化钾各加2.0ml，空白管加入0.1ml酶液，静置10分钟，测定A_{510}。以反应pH为横坐标，A_{510}为纵坐标绘制pH-活性曲线，求出碱性磷酸酶在本实验条件下的最适pH。

2. 酸碱稳定范围的测定　取10支试管，按表2-7-8操作。

表2-7-8　酸碱稳定范围的测定操作表

试剂	1	2	3	4	5	6	7	8	9	空白
反应pH	8	8.5	9	9.5	10	10.5	11	11.5	12	10
相应pH缓冲液(ml)	0.5	0.5	0.5	0.5	0.5	0.5	0.5	0.5	0.5	0.5

续表

试剂	1	2	3	4	5	6	7	8	9	空白
酶液(ml)	0.1	0.1	0.1	0.1	0.1	0.1	0.1	0.1	0.1	0.1
37℃保温处理1小时										
0.1mol/L pH 10 碳酸盐缓冲液(ml)	0.5	0.5	0.5	0.5	0.5	0.5	0.5	0.5	0.5	0.5
37℃预热复合基质液(ml)	3.0	3.0	3.0	3.0	3.0	3.0	3.0	3.0	3.0	—

37℃精确保温15分钟,各加1.0ml碱性溶液终止反应,0.5%铁氰化钾各加2.0ml,对照管加入3.0ml基质液,静置10分钟,测定A_{510}。以pH为横坐标,A_{510}为纵坐标,绘制酸碱稳定曲线,并分析碱性磷酸酶的酸碱稳定范围。

【器材】 7220分光光度计、恒温水浴箱。

【试剂】

(1) 基质液:称取磷酸苯二钠·$2H_2O$ 6g,4-氨基安替吡啉3g,分别溶于煮沸冷却后的蒸馏水中,两液混合并稀释至1000ml,加4ml氯仿防腐,盛于棕色瓶中,临用着与等量的蒸馏水混合即可。

(2) 各pH相应缓冲液

1) 0.2mol/L甘氨酸:称取15.01g甘氨酸溶于蒸馏水定容至1000ml。

2) 0.2mol/L NaOH溶液:称取8.0g氢氧化钠溶于1000ml蒸馏水中。

3) 按表2-7-9配成相应pH的缓冲液。

表2-7-9 缓冲液配制表

试剂	1	2	3	4	5	6	7	8	9
甘氨酸(ml)	10	10	10	10	10	10	10	10	10
NaOH(ml)	0.2	0.6	1.6	3.8	6.2	8.4	9.8	10.4	10.8
H_2O(ml)	11.8	11.4	10.4	8.2	5.8	3.6	2.2	1.6	1.2
最终pH	8	8.5	9	9.5	10	10.5	11	11.5	12

其他试剂见实验二十五。

二、温度-活性曲线的制作和热稳定性试验

【目的】 了解碱性磷酸酶热稳定性的一般实验方法。

【原理】 对温度的敏感性是酶的又一个重要特性。温度对酶的作用具有双重影响,一方面与一般的化学反应一样,温度加速酶反应速度;另一方面该酶是蛋白质,温度加速酶蛋白的变性速度。因此,在较低的温度范围内,酶反应速度随温度升高而增大,但是超过一定温度后,反应速度反而下降。酶反应速度达到最大值时的温度称为酶反应的最适温度。如果保持其他反应条件恒定,而在一系列变化的温度条件下测定酶活力,以温度为横坐标,反应速度为纵坐标作图,可得到一条温度-酶活性曲线。根据这条曲线可求得酶反应的最适温度。但是最适温度只是一种表现的最适温度,其随反应时间延长而下降。

由于酶受热后易变性失活,因此各种酶对热都有一个稳定的范围。酶的种类和来源不

同，对热的稳定性也不同，这就需要通过热稳定性试验测出热稳定范围。一般的试验方法是在一定条件下先将酶在不同的温度下处理一段时间，迅速降温，然后再在一定温度条件下测定酶活力。以处理温度为横坐标，酶反应速度为纵坐标作图，可得到酶的热稳定曲线，根据这条曲线即可求出酶的热稳定范围。

【操作】

1. 温度-活性曲线的制作　取 9 支试管，按表 2-7-10 操作。

表 2-7-10　温度-活性曲线制作操作表

试剂	1	2	3	4	5	6	7	8	空白
反应温度(℃)	室温	30	35	37	40	50	70	80	37
酶液(ml)	0.1	0.1	0.1	0.1	0.1	0.1	0.1	0.1	—
37℃预热复合基质液(ml)	3.0	3.0	3.0	3.0	3.0	3.0	3.0	3.0	3.0

分别在不同温度下精确反应 15 分钟，各加 1.0ml 碱性溶液终止反应。各加 0.5% 铁氰化钾 2.0ml，空白管加 0.1ml 酶液。静置 10 分钟，测定 A_{510}。以反应温度为横坐标，A_{510} 为纵坐标，绘制温度-活性曲线图，求出碱性磷酸酶在本实验条件下的最适温度。

2. 热稳定性　取 16 支试管，按表 2-7-11 操作。

表 2-7-11　热稳定性实验操作表

	1	2	3	4	5	6	7	8	9	10	11	12	13	14	15	空白
热处理温度(℃)	30	30	30	40	40	40	50	50	50	60	60	60	70	70	70	30
热处理时间(min)	15	30	60	15	30	60	15	30	60	15	30	60	15	30	60	15
酶液(ml)	0.1	0.1	0.1	0.1	0.1	0.1	0.1	0.1	0.1	0.1	0.1	0.1	0.1	0.1	0.1	—

在上述相应温度的恒温水浴内放置相应时间后取出，立即以流动水冷却并置于 37℃恒温水浴锅中预热 2 分钟，37℃预热的复合基质液各加 3.0ml，37℃精确反应 15 分钟，各加 1.0ml 碱性溶液终止反应各加 0.5% 铁氰化钾 2.0ml，对照管加 0.1ml 酶液。静置 10 分钟，测定 A_{510}。

以处理温度为横坐标，A_{510} 为纵坐标，分别绘制处理时间为 15、30 和 60 分钟的三种热稳定曲线，并分析在本实验条件下碱性磷酸酶的热稳定范围。

【器材】　7220 分光光度计、恒温水浴箱。

【试剂】　见实验二十五。

三、抑制剂型别的判定

【目的】　掌握碱性磷酸酶抑制剂型别判定的实验方法。

【原理】　抑制剂是引起酶促反应速度降低的一类物质的统称。它与酶的活性部位结合，改变了酶活性部位的结构或性质，从而引起酶活力下降，这里不包括酶蛋白的水解或变性等情况。

根据抑制剂与酶结合的特点可分为不可逆抑制剂和可逆抑制剂两种类型。不可逆抑制剂与酶是通过共价键而结合的，这种抑制剂与酶一经结合就很难自发分开，其抑制作用无法用透析等物理方法解除。可逆抑制剂与酶的结合以解离平衡为基础，其抑制作用可通过透析等物理方法减轻或消除。

在可逆抑制类型中，根据抑制剂、底物和酶三者的相互关系，又可分为竞争性抑制、非竞争性抑制和反竞争性抑制三种。

在竞争性抑制中，酶不能同时与底物、抑制剂结合，即不能形成 EIS，其动力学特征是：米氏常数的表观值 K'_m 增加，酶的最大反应速度 V_m 不变。

在非竞争性抑制中，抑制剂、底物都能同时和酶结合形成 EIS，但是 EIS 不能进一步转变为产物，其动力学特征是：V_m 降低而 K_m 不变。

在反竞争性抑制中，抑制剂必须在酶和底物结合以后才能和酶结合形成 EIS，其动力学特征是：K_m 和 V_m 都降低。

上述三种抑制类型，可在抑制剂存在下通过动力学特征图形判断(图 2-7-4)。

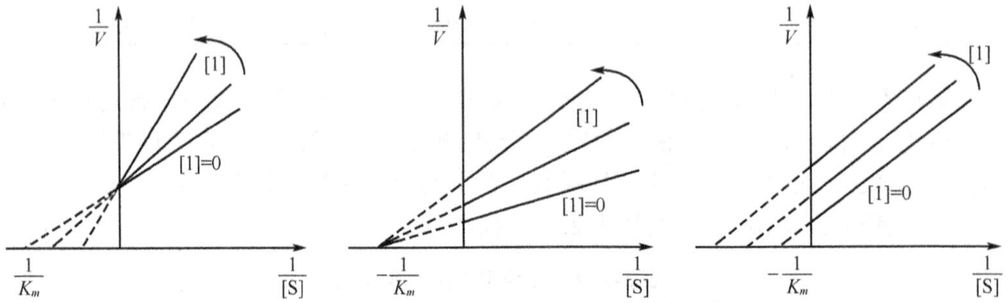

图 2-7-4　三种可逆性抑制的动力学特征图形

本实验选取 KH_2PO_4、Na_2HPO_4 或作为碱性磷酸酶的抑制物，验证其抑制作用并判断抑制反应的类型。

【操作】

1. KH_2PO_4 的抑制作用　取 8 支试管，按表 2-7-12 操作(特别注意准确吸取基质液、抑制剂及酶液)。

表 2-7-12　KH_2PO_4 抑制作用操作表

试剂	1	2	3	4	5	6	7	8
40mmol/L 底物溶液(ml)	0.10	0.15	0.20	0.25	0.30	0.40	0.80	—
碳酸盐缓冲液(ml)	0.9	0.9	0.9	0.9	0.9	0.9	0.9	0.9
蒸馏水(ml)	0.80	0.75	0.70	0.65	0.60	0.50	0.10	0.9
25mol/L KH_2PO_4(ml)	0.1	0.1	0.1	0.1	0.1	0.1	0.1	0.1
混匀，37℃预热 5 分钟								
酶液(ml)	0.1	0.1	0.1	0.1	0.1	0.1	0.1	0.1
最终底物浓度(mmol/L)	2	3	4	5	6	8	16	0

37℃精确保温 15 分钟，按顺序各加 1.0ml 碱性溶液，1ml 4-氨基安替吡啉，2ml 铁氰化钾，静置 10 分钟，读取 A_{510}，并计算各管的酶活性。

2. Na_2HPO_4 或茶碱的抑制作用　取干净试管 9 支，编号，按表 2-7-13 操作。

表 2-7-13　Na_2HPO_4 或茶碱的抑制作用操作表

试剂	1	2	3	4	5	6	7	8
40mmol/L 底物溶液(ml)	0.10	0.15	0.20	0.25	0.30	0.40	0.80	—
碳酸盐缓冲液(ml)	0.9	0.9	0.9	0.9	0.9	0.9	0.9	0.9
蒸馏水(ml)	0.80	0.75	0.70	0.65	0.60	0.50	0.10	0.9
0.04mol/L 磷酸氢二钠或 0.06mol/L 茶碱(ml)	0.1	0.1	0.1	0.1	0.1	0.1	0.1	0.1
混匀,37℃预热 5 分钟								
酶液(ml)	0.1	0.1	0.1	0.1	0.1	0.1	0.1	0.1
最终底物浓度(mmol/L)	2	3	4	5	6	8	16	0

注:Na_2HPO_4 及茶碱两种抑制剂中任选一种进行实验。试管中 Na_2HPO_4 终浓度为 2mmol/L,茶碱为 3mmol/L。加入酶液,立即计时,混匀后在 37℃水浴中准确保温 15 分钟。37℃精确保温 15 分钟,按顺序各加 1.0ml 碱性溶液,1ml 4-氨基安替吡啉,2ml 铁氰化钾,静置 10 分钟,读取 A_{510},并计算各管的酶活性。

【作图】　借用米氏常数的测定中的酚含量标准曲线并与其在同一张坐标纸上画出 1/[S]-1/V(或 1/[S]-1/A_{510})曲线。通过两条曲线的比较,根据直线在纵轴和横轴上的交点位置并计算其 K_m 值,与未加抑制时的 K_m 值比较,判断抑制剂属于何种类型,并计算 K_i 值。

【器材】　7220 分光光度计、恒温水浴箱。

【试剂】

(1) 0.5mol/L 磷酸二氢钾:称取磷酸二氢钾 6.80g,加蒸馏水溶解并定容至 100ml。

(2) 0.04mol/L 磷酸氢二钠:称取磷酸氢二钠 14.3g,溶解于 0.1mol/L pH 10 的碳酸缓冲液中,并用此液稀释至 1000ml。

(3) 0.06mol/L 茶碱:称取茶碱 10.8g,溶解于 0.1mol/L pH 10 的碳酸盐缓冲液中,并用此液稀释至 1000ml。

其余试剂见实验二十七。

第八章　DNA 提取、扩增与测序

实验二十九　质粒 DNA 的提取

【目的】

(1) 掌握碱裂解法小量制备质粒 DNA 的原理。

(2) 熟悉质粒 DNA 制备的基本操作。

【原理】 质粒 DNA 的制备主要包括三个步骤:细菌培养物的生长;细菌的收集和裂解;质粒 DNA 的纯化。

1. 细菌培养物的生长 从琼脂平板上挑取一个单菌落,接种到培养物(含适当抗生素的液体培养基)中生长,然后从中纯化质粒,是质粒提纯的常规方法。现在使用的许多质粒载体(如 pUC 系列)能复制到很高的拷贝数,只要将含质粒的细菌放在标准 LB 培养基中生长到对数晚期,就可以大量提纯质粒。

然而,上一代的载体(如 pBR322)由于不能如此自由地复制,所以需要在细菌培养晚期中加入氯霉素继续培养若干小时,以便对质粒进行扩增。氯霉素可抑制宿主的蛋白质合成,结果阻止了细菌染色体的复制,但是质粒仍可继续复制,在若干小时内,其拷贝数持续递增。这样,像 pBR322 一类的质粒,从经氯霉素处理和未经处理的培养物中提取质粒的产量迥然不同,前者大为增高。

2. 细菌收集和裂解 通过离心收集细菌,然后选择一种方法溶菌,如用离子或非离子表面活性剂,有机溶剂、碱或加热。选择方法时应注意三个因素:质粒分子量、大肠埃希菌株型及纯化质粒将采用的方法。

大分子质粒(>15kb),易降解,应通过温和的溶解从细菌里释放出来。细菌悬浮于等渗的蔗糖溶液中,然后用溶菌酶和 EDTA 破坏细菌壁和外膜,而质膜则由表面活性剂如 SDS 破坏。这种方法降低了质粒在释放时由细菌内部高渗造成的压力。

小分子质粒的分离可采用碱裂解法。

碱法质粒抽提用到三种溶液:溶液Ⅰ(50mmol/L 葡萄糖,25mmol/L Tris-Cl,10mmol/L EDTA,pH 8.0),溶液Ⅱ(0.2mol/L NaOH,1% SDS);溶液Ⅲ(3mol/L 乙酸钾,2mol/L 乙酸)。溶液Ⅰ中的 Tris-Cl 溶液用于控制 pH,EDTA 是二价金属离子的螯合剂,可抑制 DNase(金属激活酶)的活性,而 50mmol/L 葡萄糖用于提高溶液的黏度,防止后续步骤中 DNA 的断裂。溶液Ⅱ中的 NaOH 可溶解细胞(这也是本实验称为"碱裂解法"的来由),因碱可以使细胞膜发生从 bilayer(双层膜)结构向 micelle(微囊)结构的相变化。SDS 是为下一步操作做的铺垫。当溶液Ⅲ加入后,体系中会产生大量的沉淀,这是因为十二烷基硫酸钠(sodium dodecyl sulfate,SDS)遇到钾离子后变成十二烷基硫酸钾(potassium dodecyl sulfate,PDS),而 PDS 不溶于水而沉淀。SDS 可以和蛋白质结合,平均两个氨基酸上结合一个 SDS 分子,钾钠离子置换所产生的大量 SDS→PDS 沉淀,就使绝大部分蛋白质沉淀,同时,由于大肠埃希菌的基因组 DNA 很长,长长的 DNA 易和蛋白质缠在一起而被 PDS 共沉淀,溶液Ⅲ中的乙酸可中和 NaOH,防止长时间的碱性条件打断 DNA。

3. 质粒 DNA 的纯化　溶液Ⅲ并不能完全沉淀蛋白质,因此还必须用酚和酚:氯仿进一步沉淀体系中的蛋白质,然后再用乙醇沉淀得到高质量的质粒 DNA。苯酚是极强的蛋白质变性剂,可使溶液中包含的蛋白质完全沉淀,但酚可微溶于水,而溶解在水里的痕量酚即可抑制后续的酶切等反应,所以在饱和酚沉淀蛋白后,还需用氯仿萃取水相中残留的酚。

碱裂解法制备质粒的溶液中含有高浓度的盐,因此加入两倍体积的无水乙醇,即可有效沉淀质粒 DNA。得到的质粒样品一般用含 RNase(50μg/ml)的 TE 缓冲液溶解,否则大量未降解的 RNA 会干扰电泳结果。琼脂糖电泳进行鉴定质粒 DNA 时,多数情况下可看到三条带,这三条带以电泳速度的快慢而排序,分别是超螺旋、开环和复制中间体(即没有复制完全的两个质粒连在一起)。如果在溶液Ⅱ加入后过度振荡,会有第四条带,这条带泳动得较慢,远离这三条带,是 20～100kb 的大肠埃希菌基因组 DNA 的片段。

【操作】

(1) 吸取 1ml 细菌培养液于 1.5ml 小离心管内。

(2) 以 2500r/min 离心 4 分钟,弃上清。

(3) 沉淀加溶液Ⅰ100μl,在振荡器上涡旋混匀,冰浴 3～5 分钟。

(4) 加溶液Ⅱ200μl,颠倒混匀数次,室温静置 2 分钟,至溶液澄清。

(5) 加溶液Ⅲ150μl,颠倒混匀数次,冰浴 3～5 分钟,此时出现大量絮状沉淀。

(6) 4℃,12 000r/min 离心 10 分钟,吸取上清到另一小离心管。

(7) 加等体积饱和酚,混匀,4℃,12 000r/min 离心 10 分钟,此时溶液分为三层,吸取上层无色透明水相到另一小离心管。

(8) 加等体积酚:氯仿,混匀,4℃,12 000r/min 离心 10 分钟,吸取上层水相到另一小离心管。

(9) 加两倍体积无水乙醇,置-20℃ 30 分钟,4℃,12 000r/min 离心 10 分钟,去上清,沉淀置空气中自然晾干。

(10) 待乙醇挥发尽后加 20μl TE 溶解,4℃储存。

【器材】　高速台式离心机、电泳仪及水平电泳槽。

【试剂】

(1) 溶液Ⅰ:50mmol/L 葡萄糖、10mmol/L EDTA、25mmol/L Tris(pH 8.0)。

(2) 溶液Ⅱ:0.2mol/L NaOH 溶液、1% SDS。

(3) 溶液Ⅲ:29.4g 乙酸钾、11.5ml 冰乙酸,加 H_2O 至 100ml。

(4) 0.3mmol/L 乙酸钠溶液(pH 7.0)。

(5) RNaseA,10mg/ml(70℃加热 10 分钟使 DNase 失活)。

(6) 饱和酚。

(7) 酚:氯仿。

(8) TE 缓冲液(含 50μg/ml RNase)。

实验三十　基因组 DNA 的提取

【目的】

(1) 掌握基因组 DNA 制备的原理。

(2) 熟悉基因组 DNA 制备的基本操作。

【原理】　细胞内的核酸多以核蛋白的形式存在,其中脱氧核糖核蛋白主要存在于细胞核中,核糖核蛋白主要存在于细胞质中。这两类核蛋白在 0.14mol/L 氯化钠溶液中的溶解度相差很大，核糖核蛋白在此溶液中具有很高的溶解度，脱氧核糖核蛋白的溶解度却相当低。制成肝匀浆后，用0.14mol/L 氯化钠溶液抽提，可将两种核蛋白分离。分离过程中加入少量枸橼酸钠，可抑制脱氧核糖核酸酶对 DNA 的水解作用。

SDS（十二烷基硫酸钠）能使脱氧核糖核蛋白产生解聚作用，在含有脱氧核糖核蛋白的溶液中加入 SDS，DNA 即与蛋白质分离开，用氯仿将蛋白质沉淀除去，而 DNA 溶解于水相，最后用冷乙醇将 DNA 析出，而获得纯化的 DNA。在氯仿中加入少量异戊醇能减少操作过程泡沫的产生，并有助于分相，使离心后的上层水相，中层变性蛋白，下层有机溶剂相维持稳定。

DNA 和 RNA 在波长 260nm 处有很高的吸收峰值，蛋白质则在 280nm 处有很高的吸收峰值。利用这个原理，我们测定纯化样品在 260nm 和 280nm 处的吸光度，可以推算出样品中 DNA 的浓度，并判断其纯度。用标准样品测得在波长 260nm 处，1μg/ml 双链 DNA 钠盐吸光度为 0.02，单链 DNA 钠盐为 0.025（光程为 1cm），即 $A_{260}=1$ 时，样品中双链 DNA 浓度为 50 μg/ml，单链 DNA 浓度为 40 μg/ml。纯净的 DNA 样品 A_{260}/A_{280} 的比值约为 1.8，样品中含有蛋白质或其他杂质，会使 A_{260}/A_{280} 的比值下降。A_{260}/A_{280} 的比值大于 1.6 基本能达到各种后继实验的要求。

【操作】

1. 组织 DNA 的提取

（1）肝匀浆制备：新鲜猪肝，用 0.9% NaCl 溶液洗去血液，除去结缔组织，剪碎，称取 4g 肝组织，加 4ml 0.14mol/L NaCl 溶液，匀浆器中研磨，制成肝匀浆。

（2）分离核蛋白：2ml 肝匀浆倒入试管中，8000r/min 离心 5 分钟，上清弃去。沉淀加 2ml 0.14mol/L NaCl 溶液搅匀后再置匀浆器中研磨，8000r/min 离心 5 分钟，上清弃去，沉淀重复上述操作，上清弃去，沉淀为 DNA-蛋白质复合物。

（3）沉淀中加 0.14mol/L NaCl 1.0ml，搅匀，滴加 5% SDS 1.0ml，边加边搅，60℃水浴 10 分钟（不停搅拌），冷至室温。

（4）滴加氯仿-异戊醇溶液 4.0ml（边加边搅拌），搅至溶液颜色均匀，8000r/min 离心 10 分钟。溶液分三层：上层液为水相（含 DNA），中层为蛋白质沉淀，下层为有机相，吸取上层液置于另一试管中。

（5）上清液加 95% 冷乙醇 4.0ml，混匀（颠倒混匀法），8000r/min 离心 10 分钟，去上清液，沉淀为纯化 DNA。

（6）DNA 的溶解：沉淀中加入 0.01mol/L NaOH 1.0ml，搅拌溶解，5000r/min 离心 10 分钟，上清液则为 DNA 水解液。

2. DNA 的浓度测定　用 0.01mol/L NaOH 溶液将样品稀释到一定浓度，以 0.01mol/L NaOH 溶液调零，测定样品的 A_{260} 和 A_{280}，计算出每克肝组织中的 DNA 含量，并判断纯化 DNA 的纯度。

肝细胞基因组 DNA 的提取、定量实验流程（图 2-8-1）。

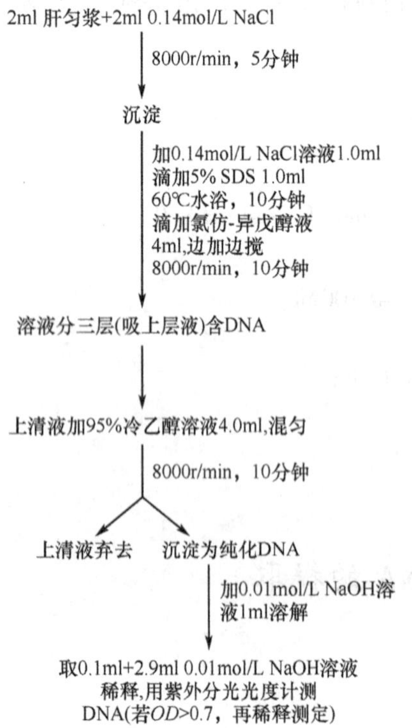

图 2-8-1　肝细胞基因组 DNA 的提取、定量实验流程

【注意事项】

(1) 在制备肝匀浆时，应尽量在冰冷条件下进行，并尽快加入含 0.01mol/L 枸橼酸钠的 0.14mol/L 氯化钠溶液，以抑制脱氧核糖核酸酶，防止 DNA 的降解以提高核酸的量。

(2) 各步骤操作应力求准确，尽量减少操作过程中核酸的丢失，保证定量测定的准确性。

(3) 稀释后应该尽量使样品 A_{260} 和 A_{280} 处于 0.1 ~0.7。

【器材】 匀浆器、离心机、紫外分光光度计。

【试剂】

(1) 0.14mol/L 氯化钠溶液：称取 NaCl 8.182g 和枸橼酸三钠 2.941g，加双蒸水溶解至 1000ml。

(2) 0.9% 氯化钠溶液：称取 NaCl 9g 溶于双蒸水 1000ml。

(3) 5% SDS 溶液：称取 50g 十二烷基硫酸钠(SDS)溶于 1000ml 双蒸水中，于 65℃ 水浴保温 2 小时。

(4) 氯仿-异戊醇：量取 960ml 氯仿加入 40ml 异戊醇混匀。

(5) 0.01mol/L 氢氧化钠溶液：称取 0.4g NaOH 加双蒸水溶解至 1000ml。

(6) 95% 乙醇溶液：取 950ml 无水乙醇加入 50ml 双蒸水混匀，放置 4℃ 冰箱冷藏。或直接采用市售 95% 乙醇溶液分装置 4℃ 冰箱冷藏。

实验三十一　聚合酶链反应

【目的】

(1) 掌握聚合酶链反应的原理。

(2) 熟悉聚合酶链反应的基本操作。

【原理】 聚合酶链反应(polymerase chain reaction，PCR)是近年来发展起来的一种体外扩增特异 DNA 片段的技术，此法操作简便，可在短时间内在试管中获得数百万个特异 DNA 顺序的拷贝。PCR 技术自 1985 年问世以来，已迅速渗透到分子生物学的各个领域。在分子克隆、遗传病的基因诊断、法医学、考古学等方面得到了广泛的应用。

PCR 技术是在模板 DNA、引物和四种脱氧核糖核苷酸存在的条件下，依赖于 DNA 聚合酶的酶促合成反应。PCR 技术的特异性取决于引物和模板 DNA 结合的特异性。

PCR 反应分三步；①变性(denaturation)，通过加热使 DNA 双螺旋的氢键断裂，双链解离形成单链 DNA。②退火(annealing)，当温度突然降低时，由于模板分子结构较引物要复杂得多，而且反应体系中引物 DNA 量大大多于模板 DNA；使引物和其互补的模板在局部形成杂交链，而模板 DNA 双链之间互补的机会较少。③延伸(extension)，在 DNA 聚合酶和四种脱氧核糖核苷三磷酸底物及 Mg^{2+} 存在的条件下，5′-3′的聚合酶催化以引物为起始点的 DNA 链延伸反应，以上三步为一个循环，每一循环的产物可以作为下一个循环的模板；数小时之后，介于两个引物之间的特异性 DNA 片段得到了大量复制，数量可达 $2\times10^{6\sim7}$ 拷贝。后在紫外灯下观察扩增产物。

【操作】

1. 制取模板 DNA　从所用组织标本中制取模板 DNA，如血液、动物组织、细胞培养样品等(应用 UN1Q-10 柱式基因组 DNA 小量抽提试剂盒或者用快速，微量的 DNA 提取方法)。

表 2-8-1 PCR 反应操作表

试剂	体积(μl)
ddH_2O	18.5
10×buffer(含 25mmol/L $MgCl_2$)	2.5
dNTP	1.0
Taq DNA 聚合酶	1.0
Primer1	0.5
Primer2	0.5
基因组 DNA 模板	1.0

2. PCR 反应 在 0.2ml PCR 薄壁管中加入下列试剂,总体积为 25μl(表 2-8-1)。

混匀后,按下列条件在 PCR 自动扩增仪上进行:94℃预变性 4 分钟;94℃ 30 秒;55℃ 30 秒;72℃ 1 分钟,循环 25 次后,反应在 72℃停留 5 分钟备用。

3. 电泳鉴定

(1) 琼脂糖凝胶制备:见实验十六。

(2) 样品制备

1) DNA Marker:取 5μl SYBR Green1 工作液加 7μl DNA Marker 加 2μl 上样缓冲液混匀室温放置 5 分钟备用。

2) PCR 样品:取 4μl SYBR Green1 工作液加 7μl 扩增后 PCR 样品加 3μl 上样缓冲液混匀室温放置 10 分钟备用。

(3) 取上述 DNA Marker 和 PCR 样品各 10μl,在 1.5% 琼脂糖凝胶进行水平微型电泳,电压 120V,时间 1.5 小时左右,电泳后取出凝胶在荧光透射仪观察分析。

【器材】 PCR 扩增仪、荧光透射仪、电泳仪、水平微型电泳槽。

【试剂】

(1) Taq DNA 聚合酶。

(2) 10×Taq DNA 聚合酶缓冲液。

(3) 25mmol/L $MgCl_2$ 溶液。

(4) 5mmol/L dNTP 储备液。

(5) 引物 1:5′- AGC GGA TAA CAA TTT CAC ACA GGA-3′

引物 2:5′-CGC CAG GGT TTT CCC AGT CAC GAC-3′

(6) 10×TBE 缓冲液:0.89mol/Tris-硼酸;0.02mol/L $EDTANa_2$。

(7) 1.5% 琼脂糖。

实验三十二 DNA 序列测定

【目的】

(1) 掌握双脱氧链终止法测定 DNA 序列的原理。

(2) 熟悉 DNA 序列测定的基本操作。

【原理】 DNA 聚合酶催化的 DNA 链延伸是在 3′-OH 末端进行的。由于 2′,3′-双脱氧三磷酸核苷酸(ddNTP)的 3′位脱氧而失去游离—OH,当其参入到 DNA 链后,3′—OH 末端消失,使 DNA 链的延伸终止。

本实验根据此原理,将待测 DNA 片段插入单链噬菌体 M13 载体,并用合成的寡聚核苷酸引物与该载体上插入待测片段的上游顺序退火,随后在 T7DNA 聚合酶催化下进行延伸反应。实际操作中同时进行,分别终止于 A、G、C 和 T 的四个反应体系。每个反应体系均含四种脱氧三磷酸核苷酸(dNTP)底物,其中一种 dATP 为 ^{32}P 标记物,以便能用放射自显影法读序。但在这四个反应体系中,分别加一种低浓度的 ddNTP(ddATP、ddGTP、ddCTP 或 ddTTP),这样 ddNTP 可随机掺入正在延伸的 DNA 链上,使链延伸终止。例如,在"A"管中加 ddATP,反应结束时,管内所有新合成的 DNA 链都是以 A 结尾的不同长度的片段,而且这些片段都带放射性。将反应物加在高分辨凝胶上电泳，DNA 片段则因其长度不同（分子大小不同）被分离，短的走在前端，长的泳动在后面。其他三管则分为以 G、C 或 T 结尾的不同长度 DNA 片段。由于：①即使是长短相差一个核苷酸的 DNA 片段，亦可根据其电泳距离的差异而加以区分；②A、G、C 和 T 四种反应体系的产物在电泳凝胶中相邻排列。故而在阅读凝胶电泳的放射自显影图像时，由下至上按前后顺序即可将 DNA 的核苷酸顺序读出。

【操作】

1. 单链模板与引物退火

（1）用无菌蒸馏水按 1∶5 稀释通用引物（约 4.44μg/ml）。

（2）取 1.5ml 微量离心管 1 只，加入下列试剂：模板 DNA（1.5 ~ 2μgDNA/10μl）10μl，稀释通用引物 2μl，退火缓冲液 2μl。总体积为 14μl。

2. 链延伸/终止反应

（1）稀释 T7DNA 聚合物：取 2μl（或 4μl）冷的酶稀释缓冲液至 1 只微量离心管中，加入 0.5μl（或 1μl）T7DNA 聚合酶，用加样器轻轻抽吸和排出而混匀，置于冰浴中待用。

（2）另取 4 只微量离心管，分别用记号笔标明“A”“G”“C”和“T”。依次将 A-mix、G-mix、C-mix 和 T-mix 液各 2.5μl 分别加入这 4 只微量离心管中，置 37℃ 预温 1 分钟以上（说明：四种混合液各又分为 short 和 long 两种，前者中 ddNTP 浓度较高，用于 <500bp 的 DNA 片段测序，后者用于 50 ~ 1000bp 片段的测序。一般应用 short 即可）。

（3）标记反应：在操作（1）的微量离心管中加入下列试剂：模板/引物 14μl（已有）；标记用混合物（labelling mix）3μl；已标记混合物（labelled mix）1μl；T7DNA 聚合酶稀释液 2μl。总体积为 20μl。轻轻混匀，简短离心，置室温 5 分钟，立即接下步反应。

（4）从“标记反应”混合物中，分别取 4.5μl 加于 4 只预温的反应液中（注意：每一次转移均应换用新的吸头），轻轻混匀。简短离心，37℃ 保温 5 分钟。

（5）向每只离心管中加入 5μl 反应终止液，混匀，简短离心。

（6）变性反应：在电泳前进行。在上述链延伸反应终止后，最好即时进行变性反应并电泳，如不能及时电泳，终止反应后样品可储于冰浴或 4℃。

另取 4 只微量离心管，标好“A”“G”“C”和“T”。从上述每一链延长/终止反应的试管中取 3μl，分别加入 4 只已标号的相应微量离心管中，75 ~ 80℃ 加热 2 分钟，立即各取 1.5 ~ 2μl 点样、电泳。

3. 制备电泳凝胶及电泳

（1）制备胶膜：取双块制胶玻板，先用泡沫海绵蘸取“洗洁净”液仔细擦洗，用水彻底淋洗，干燥后继用乙醇清洗，晾干，再用硅烷剂（repel-silane）将玻板的一面擦一遍，蒸馏水淋洗，干燥（注意：清洗时应戴一次性手套操作）。

将其中一块玻板平置台上（硅烷处理过的一面朝上），两侧各放置一条隔离条（最好选用上方厚 0.2mm，下方厚 0.4mm 的楔形条），另取一块玻板（硅烷化处理过的一面朝下），对准放置在上述玻板上，两侧及下面边缘用胶带封严，并用文具夹夹紧，制成胶膜。

（2）配制电泳凝胶：向 1 只 100ml 烧杯中加入下列试剂：20% 丙烯酰胺浓度 20ml、10× TBE 缓冲液 5ml、46.7% 尿素溶液 25ml。总体积 50ml（凝胶的丙烯酰胺浓度为 8%）。混匀，过滤除去不溶物，置 100ml 梨形瓶中连接水泵抽气 5 分钟，加入 250μl 10% 过硫酸铵，50μl TEMED，混匀。

（3）注胶：立即将配好的凝胶用 50ml 注射器小心注入制好的玻板胶膜中（胶模宜倾斜

45°左右)，注意防止气泡，如有气泡产生，可敲击该部位玻璃，使气泡上升排除。从上面插入梳齿背，深入胶面 10 ~ 12mm。将胶膜水平放置 45 ~ 60 分钟，待凝胶聚合。

(4) 电泳：凝胶聚合后，拔掉梳齿，撕去玻板下缘胶带，用蒸馏水淋洗凝胶表面，以除去未聚合物质。将胶板装置在电泳槽上，上下槽加入缓冲液，注意排除凝胶下缘气泡。接通电源，40W 预电泳 45 ~ 60 分钟。预电泳结束后，断电。插入样品梳，梳齿向下插入凝胶中 3mm 左右。用缓冲液小心冲洗每一加样小槽(齿间空隔)，用记号笔标明 A、G、C 和 T 四个小槽，每槽加入变性后的链延伸/终止液 1.5 ~ 2μl。接通电源，40W 恒压，电泳至示踪染料溴酚蓝至底边时切断电源。如待测片段较长而需继续点样，则等示踪染料二甲苯腈蓝距下缘 4 ~ 5cm 时切断电源。用缓冲液冲洗另一组 4 个加样小槽(应与前一组相隔 1 ~ 2 个加样小槽)，重复上样操作，然后继续电泳至第 2 组示踪染料溴酚蓝移至玻板下缘时断电，停止电泳。

4. 放射自显影及结果分析 将凝胶板自电泳槽取下后水平放置，小心分离两块玻板，让凝胶完好地留在其中一块玻板上。可将凝胶切下一小角以示方向。

在凝胶上小心地覆盖一张厚的 3 号新华滤纸，移去玻板，在凝胶另一面覆盖一张保险膜，注意排除气泡。滤纸面朝下置凝胶干燥器中干燥。

于暗室中，将干燥的凝胶的保鲜膜面与一张 X 线底片的药膜面贴合，夹在增感屏盒中，置-70℃或室温曝光 4 ~ 16 小时，然后显影、定影(按所用显影及定影剂说明进行)，水漂洗、干燥，然后由下而上读序。

【注意事项】

1. 操作顺序参考表

(1) 制备电泳凝胶(可在前一天下班前进行)。

(2) 检查实验计划及试剂。

(3) 预电泳。

(4) 预电泳的同时进行引物退火、链延伸及终止反应。

(5) 点样并电泳(根据需要可重复 1 ~ 2 次)。

(6) 固定、干燥凝胶。

(7) 放射自显影。

2. M13 重组子的培养

(1) 挑取单一的大肠埃希菌集落加入 3ml LB 培养基中，37℃振荡培养直至 A_{600} 光密度达到 0.8 ~ 1.0 为止。

(2) 取 200μl 上述大肠埃希菌培养物，加入含有 2ml 2×YT 培养基的试管中，再将插入待测 DNA 片段的 M13 单一白色噬菌斑接种其中，在 37℃剧烈振荡培养至少 5 小时，但不宜超过 8 小时。

(3) 通过两轮离心将细胞除去，第 2 轮的上清液小心转移至另一清洁试管中。存放 4℃待用。

3. 单链模板的分离

(1) 沉淀 M13：在上述 M13 培养物上清中，加入 0.2 倍体积的 3.5mol/L 乙酸铵/20% 多聚乙二醇溶液，颠倒混匀数次，置冰浴 30 分钟。离心 15 ~ 30 分钟(11 000r/min)可见白色噬菌体沉淀。小心除去上清液，可将试管倒置并吸去多余液体。

(2) 分离纯化模板：向沉淀中加入 TE 缓冲液 100μl，轻轻混匀使沉淀重悬(以下步骤可在微量离心管中进行）。再加等体积酚/氯仿试剂，旋转振荡 30 秒，离心 1 分钟使分层。小心将上层液转移至另一干净离心管中。用酚/氯仿重复抽提一次并转移上层液。

加等体积氯仿，离心，转移上层液至洁净管中，并重复 1 次。

加 0.1 体积 3mol/L 乙酸钠（pH 7.5）及两倍体积 100% 乙醇，混合，置干冰（或-40℃冰箱）中 15 分钟，离心 10 分钟，除去上清，加冰冷的 70% 乙醇溶液 1ml，离心，除去上清，于真空条件短暂干燥。

加入 20μl Tris 缓冲液溶解 DNA 沉淀，储于-20℃待用。

用于测序的 DNA，其 A_{260}/A_{280} 光密度比值至少应大于 1.7。

【器材】 恒温加热器或恒温水浴槽、涡旋振荡器、台式高速离心机、恒功率电泳仪、测序用电泳槽（附玻板及隔离条）、盖革计数器、可调式加样器、微量离心管（Eppendorf 管）、胶带、剪刀、手术刀、烧杯（100ml）、梨形瓶（100ml）、水泵、注射器（50ml）、注射器针头（18 号）、新华滤纸（3 号）或 Whatman 滤纸（1 号）、保鲜膜、凝胶干燥器材、抽气泵、增感屏、X 线胶片、显影及定影用具。

【试剂】

（1）退火缓冲液：1mol/L Tris · HCl 溶液（pH 7.6）、100mmol/L $MgCl_2$ 溶液和 160mmol/L DTT 溶液。

（2）通用测序引物：5′-d[GTAAAACGACGGCCAGT]-3′，在水溶液中（5pmol/μl）。

（3）T7DNA 聚合酶（8μg/μl）：在加有甘油的缓冲液中。储于-20℃，用时吸取 1 份后迅速放回，稀释液可在 4℃保存一周。

（4）酶稀释缓冲液：20mmol/L Tris · HCl 溶液（pH7.5）、5mmol/L DTT 溶液、100μg/ml 牛血清白蛋白，5% 甘油溶液。

（5）标记用混合物：dCTP、dGTP 和 dTTP 各 1.375μmol/L，333.5mmol/L NaCl 溶液。

（6）模板：10μg 单链 M13mp18DNA 在 50μlTris-EDTA 缓冲液中。

（7）“A”mixshort：dCTP、dGTP 和 dTTP 各 840μmol/L、93.5μmol/L dATP、14μmol/L ddATP、40mmol/L Tris-HCl 溶液（pH 7.6）、50mmol/L NaCl。

（8）“G”mixshort：dATP、dCTP 和 dTTP 各 840μmol/L、93.5μmol/L dGTP 溶液、14μmol/L ddGTP 溶液、40mmol/L Tris · HCl 溶液（pH 7.6）、50mmol/L NaCl 溶液。

（9）“C”mix short：dATP、dGTP 和 dTTP 各 840μmol/L、93.5μmol/L dCTP 溶液、14μmol/L ddCTP 溶液、40mmol/L Tris · HCl 溶液（pH 7.6）、50mmol/L NaCl 溶液。

（10）“T”mixshort：dATP、dCTP 和 dGTP 各 840μmol/L、93.5μmol/L dTTP 溶液、14μmol/L ddTTP 溶液、40mmol/L Tris · HCl 溶液（pH 7.6），50mmol/L NaCl 溶液。

（11）终止液：溴酚蓝和二甲苯腈蓝 FF 各 3%、10mmol/L EDTA 溶液（pH 7.5）、97.5% 去离子甲酰胺溶液。

（12）标记脱氧核苷酸：[α-^{32}P]dATP，10mci/ml，3000ci/mmol。

（13）显影剂，定影剂。

第九章　RNA提取与鉴定

实验三十三　细胞RNA的提取

【目的】

(1) 了解细胞RNA的提取的原理。

(2) 熟悉RNA的提取的基本操作。

【原理】 完整RNA的提取和纯化是进行RNA方面的研究工作,如Nothern杂交、mRNA分离、RT-PCR、定量PCR、cDNA合成及体外翻译等的前提。

RNA的提取过程中有五个关键点:①样品细胞或组织的有效破碎;②有效地使核蛋白复合体变性;③对内源RNA酶的有效抑制;④有效地将RNA从DNA和蛋白混合物中分离;⑤对于多糖含量高的样品还牵涉到多糖杂质的有效除去。但其中最关键的是抑制RNA酶活性。

RNA的提取目前阶段主要采用在酸性条件下抽提,酸性下DNA与蛋白质进入有机相而RNA留在水相。

Trizol试剂的主要成分是异硫氰酸胍和苯酚,是直接从细胞或组织中提取总RNA的试剂。异硫氰酸胍在破碎和溶解细胞时能保持RNA的完整性、裂解细胞并释放出RNA,酸性条件使RNA与DNA分离,加入氯仿后离心,样品分成水相和有机相。RNA存在于水相中。收集上面的水相后,RNA可以通过异丙醇沉淀。在除去水相后,样品中的DNA和蛋白也能相继以沉淀的方式还原。乙醇沉淀能析出中间层的DNA,在有机相中加入异丙醇能沉淀出蛋白。

抽提的RNA其$A_{260}:A_{280}$比值≥1.8。抽提的RNA琼脂糖凝胶电泳并用溴化乙锭染色,可见许多介于7kb和15kb之间不连续的高分子量条带,(mRNA和hnRNA成分)两条优势核糖体RNA条带位于5kb(28S)和2kb(18S),低分子量RNA介于0.1kb和0.3kb之间(tRNA,5S)。

【操作】

1. 细胞RNA抽提

(1) 倒掉培养基,PBS洗,直接将1ml Trizol注入培养瓶(5×10^6个细胞),反复抽吸均匀。

(2) 或收集细胞后加入Trizol反复抽吸均匀。

2. 分相

(1) 在装有裂解物的离心管中加入0.2ml氯仿(为Trizol总体积的1/5),振荡混匀30秒,室温下静置5分钟。

(2) 4℃,12 000*g*离心15分钟,溶液分相为三层。上层:RNA(约为Trizol的60%);中间:DNA;下层:蛋白质(酚-氯仿)。

(3) 小心吸取上清液,转移到另一离心管中。1ml裂解物产生的上清液体积约为0.4~0.6ml。有机相和中间层含有DNA和蛋白质,避免触及。

3. RNA 沉淀

(1) 上清液加入 0.5ml 的异丙醇(为 Trizol 总体积的 1/2),振荡混匀 30 秒。室温下静置 10 分钟。

(2) 4℃,12 000g 离心 10 分钟。

(3) RNA 沉淀将在离心底的侧面形成。小心吸弃上清液,注意避免吸弃 RNA 沉淀。

4. RNA 清洗

(1) 离心管加入 1ml 预冷的 75% 乙醇溶液(1ml Trizol 至少 1ml 乙醇清洗 RNA),振荡混匀 30 秒,7500g 离心 10 分钟,尽可能吸弃上清液,防止 RNA 沉淀丢失。在 75% 乙醇溶液中,RNA 在 4℃至少保存 1 周,-20℃至少保存 1 年。

(2) 倒置离心管于滤纸上,干燥 RNA,但不能完全干燥(5 ~ 10 分钟)。用 DEPC 水 50μl 溶解沉淀,55 ~ 60℃孵育 10 ~ 15 分钟。

(3) 测量 OD 值后,样品放置-70℃保存。

【计算】 RNA、DNA 浓度的计算:紫外分光光度计测定 A_{260} 及 A_{280} 来定量分析 RNA 的纯度及浓度,取 78μl DEPC 水加 2μl 第 10 步液体,则稀释倍数为 40 倍。

$$[\text{RNA}] = A_{260} \times 40 \times n / 1000 \mu g/\mu l$$

$$[\text{DNA}] = A_{260} \times 50 \times n / 1000 \mu g/\mu l \text{(} n \text{ 为稀释倍数)}$$

分离 RNA 的理想效果是 A_{260}/A_{280} 比值处于 1.8 ~ 2.0。

【注意事项】

(1) 操作制品(包括枪头、EP 管、匀浆管等)的准备:1% DEPC 过夜。

(2) 电泳检测:制备甲醛变性,1% 琼脂糖凝胶快速电泳,25μg/lane,65V,2.5 小时,检测 RNA 分子完整性,观察 18S、28S 条带。

(3) RNA 沉淀完全干燥,会极大地降低可溶性。部分溶解的 RNA 其 A_{260}/A_{280} 比值<1.6。用移液管尖分几次移取无 RNA 酶的水或 0.5% SDS 溶解 RNA,并在 55 ~ 60℃下孵育 10 分钟,当 RNA 以后要用于酶切反应时,避免使用 SDS。

(4) 分离胶范围:①<500bp,1.2% ~ 1.5%;②>10kp,0.3% ~ 0.7%;③二者之间,0.8%~1.0%。

(5) 预防 RNA 酶污染:包括操作制品(枪头、EP 管、匀浆管等)的准备:0.1% DEPC 过夜。

(6) 在分相步骤吸取上清液过程和清洗步骤吸弃上清液过程中,都应在不触及其他相或沉淀的前提下吸取尽可能多的上清液。

(7) 当 Trizol 用量少于 2ml 时建议使用清洁的一次性的聚丙烯材质试管。Trizol 用量较大时,可以使用玻璃试管(Corex)或聚丙材质试管,事先检验以确保该试管可以耐受加入 Trizol 和氯仿后 12 000g 的离心力。不可使用有裂缝或者破损的试管。离心前小心平衡试管。离心前玻璃管口必须盖上铝箔并用石蜡膜封口,聚丙烯管必须盖紧。

(8) 用 Trizol 抽提 RNA 时要戴手套和护眼罩,避免接触皮肤和衣服,在化学通风橱完成操作,避免呼吸道吸入。

【仪器】 恒温水浴、冷冻高速离心机、紫外分光光度计、取液器、电泳仪、电泳槽。

【试剂】

(1) DEPC 水:1ml DEPC+1000ml 双蒸水=0.1% DEPC 水,剧烈振荡至起泡,使 DEPC 充分溶解。

(2) 75% 乙醇溶液:无水乙醇+DEPC 水,-20℃保存(DEPC 水需先高压)。

(3) 氯仿:棕色瓶。

(4) 异丙醇:棕色瓶。

实验三十四　逆转录-聚合酶链反应

【目的】

(1) 了解逆转录-聚合酶链反应的原理。

(2) 熟悉逆转录-聚合酶链反应的基本操作。

【原理】 逆转录-聚合酶链反应(RT-PCR)是将 RNA 的逆转录(RT)和 cDNA 的聚合酶链式扩增(PCR)相结合的技术。首先经逆转录酶的作用从 RNA 合成 cDNA,再以 cDNA 为模板,扩增合成目的片段。RT-PCR 技术灵敏而且用途广泛,可用于检测细胞中基因表达水平,细胞中 RNA 病毒的含量和直接克隆特定基因的 cDNA 序列。作为模板的 RNA 可以是总 RNA、mRNA 或体外转录的 RNA 产物。无论使用何种 RNA,关键是确保 RNA 中无 RNA 酶和基因组 DNA 的污染。

用于逆转录的引物可视实验的具体情况选择随机引物、Oligo dT 及基因特异性引物中的一种。对于短的不具有发卡结构的真核细胞 mRNA,三种都可。随机引物适用于长的或具有发卡结构的 RNA,适用于 rRNA、mRNA、tRNA 等所有 RNA 的逆转录反应,主要用于单一模板的 RT-PCR 反应。Oligo dT:适用于具有 PolyA 尾巴的 RNA(原核生物的 RNA、真核生物的 rRNA 和 tRNA 不具有 PolyA 尾巴)。由于 Oligo dT 要结合到 PolyA 尾巴上,所以对 RNA 样品的质量要求较高。基因特异性引物是与模板序列互补的引物,适用于目的序列已知的情况。

【操作】

1. 逆转录 逆转录如表 2-9-1。

反应条件:37℃ 60 分钟 → 42℃ 30 分钟→ 90℃ 3 分钟。

2. PCR 反应 PCR 反应如表 2-9-2。

表 2-9-1　逆转录操作表

试剂	体积(μl)
Rnasin	0.5
10mmol/L dNTP	1.0
5×RT 缓冲液	4.0
逆转录酶	0.5
总 RNA	1.0
ddH_2O	13.0
总体积	20.0

表 2-9-2　PCR 反应操作表

试剂	体积(μl)
10×PCR 缓冲液	5.0
10mmol/L dNTP	1.0
上游引物 10pmol/μl	2.5
下游引物 10pmol/μl	2.5
cDNA 模板	2.0
ddH_2O	36.5
Taq 酶	0.5
总体积	50

(1) 94℃ 2 分钟,55℃ 30 秒,72℃ 30 秒为第一步。

(2) 94℃ 30 秒,55℃ 30 秒,72℃ 30 秒为第二步,重复该步骤 30 次。

(3) 72℃ 7 分钟。

(4) 取出后置 4℃,5 分钟后-20℃保存或琼脂糖凝胶电泳鉴定。

【仪器】 PCR 仪、台式离心机。

【试剂】

(1) 逆转录酶:Promega M-MLV。

(2) RNasin。

(3) dNTP。

(4) Taq DNA 聚合酶。

实验三十五　荧光定量 PCR

【目的】

(1) 了解荧光定量 PCR 的基本原理。

(2) 了解定量 PCR 数据处理的方法。

【原理】　所谓荧光定量 PCR 技术,是指在 PCR 反应体系中加入荧光基团,利用荧光信号积累实时监测整个 PCR 进程,最后通过标准曲线或者相对表达水平对未知模板进行定量分析的方法。

(1) 在荧光定量 PCR 技术中,有一个很重要的概念——*Ct* 值。*C* 代表 Cycle,*t* 代表 threshold(域值),*Ct* 值的含义是:每个反应管内的荧光信号到达设定的域值时所经历的循环数。

(2) 荧光域值(threshold)的设定:PCR 反应的前 15 个循环的荧光信号作为荧光本底信号,荧光域值的缺省设置是 3 ~ 15 个循环的荧光信号的标准偏差的 10 倍。

(3) *Ct* 值与起始模板的关系:研究表明,每个模板的 *Ct* 值与该模板的起始拷贝数的对数存在线性关系,起始拷贝数越多,*Ct* 值越小。利用已知起始拷贝数的标准品可作出标准曲线,其中横坐标代表起始拷贝数的对数,纵坐标代表 *Ct* 值。因此,只要获得未知样品的 *Ct* 值,即可从标准曲线上计算出该样品的起始拷贝数。

(4) 荧光化学:荧光定量 PCR 所使用的荧光化学可分为两种:荧光探针和荧光染料。现将其原理简述如下:

1) TaqMan 荧光探针:PCR 扩增时在加入一对引物的同时加入一个特异性的荧光探针,该探针为一寡核苷酸,两端分别标记一个报告荧光基团和一个淬灭荧光基团。探针完整时,报告基团发射的荧光信号被淬灭基团吸收;PCR 扩增时,Taq 酶的 5′-3′外切酶活性将探针酶切降解,使报告荧光基团和淬灭荧光基团分离,从而荧光监测系统可接收到荧光信号,即每扩增一条 DNA 链,就有一个荧光分子形成,实现了荧光信号的累积与 PCR 产物形成完全同步。

2) SYBR 荧光染料:在 PCR 反应体系中,加入过量 SYBR 荧光染料,SYBR 荧光染料可以特异性地掺入 DNA 双链后,发射荧光信号,而不掺入链中的 SYBR 染料分子不会发射任何荧光信号,从而保证荧光信号的增加与 PCR 产物的增加完全同步。

本实验以实验三十四逆转录的 cDNA 为模板,采用 SYBR-green 体系扩增目的基因及相对应的内参基因(β-Actin)。

表 2-9-3　反应液配制操作表

试剂	体积(μl)
SYBR Premix EX Taq	12.5
Forward Primer(10μmol/L)	0.5
Reverse Primer(10μmol/L)	0.5
cDNA	2.0
ddH_2O	9.5
Total	25

【操作】

(1) 按照表 2-9-3 配置反应液,每个基因配置 3 管。

(2) 反应条件为:94℃预变性 30 秒,之后 94℃ 10

秒,60℃ 30 秒,共进行 40 个循环后进行溶解曲线的检测。荧光本底信号和阈值一般采用仪器默认数值,每次运行结束以后自动生成,每个反应管内的荧光信号达到设定的阈值时所经历的循环数定义为 *Ct* 值。

(3) 每对引物(基因)在每个模板中做三个重复管,得到的 *Ct* 值取平均值;每个目的基因的 *Ct* 平均值减去对应模板的内参基因(ACTIN)的 *Ct* 平均值,得到 ΔCt。实验组的 ΔCt 减去对照组的 ΔCt,得到 $\Delta\Delta Ct$ 值,对照组和实验组中的待测基因的倍数关系用 $2^{-\Delta\Delta Ct}$ 表示。

【仪器】 TP800 实时荧光定量 PCR 仪。

【试剂】

(1) SYBR Premix EX Taq 试剂

(2) 目的基因引物

1) DNMT1F:gactacatcaaaggcagcaacc

2) DNMT1R:gagtggacttgtgggtgttctc

(3) 内参基因引物

1) ACTBF:cctggcacccagcacaat

2) ACTBR:gggccggactcgtcatact

第十章　基因克隆

实验三十六　目的基因与质粒的限制性内切酶消化

【目的】

（1）了解 DNA 限制性内切酶的作用特点。

（2）熟悉 DNA 限制性内切酶消化的操作方法。

【原理】 DNA 限制性内切酶消化是基因分析中的关键步骤。内切酶是最关键的工具酶。限制性内切酶是一类具有严格识别位点,并在识别位点内或附近切割双链 DNA 的脱氧核糖核酸酶。

酶单位规定为:在最适反应条件下 1 小时完全消化 1μg λDNA 的酶量为 1 个单位。需注意酶单位数是以切割线性 DNA 为标准定出的,消化其他种类 DNA 则应根据 DNA 分子大小、形状适当增加或减少所需的酶量。

影响限制性内切酶活性的因素包括 DNA 的纯度、缓冲液、温度及酶本身。不同的限制性内切酶对缓冲液中盐浓度的要求各不相同。一般配制高、中、低盐三种缓冲液用于酶反应。用两种酶消化 DNA 时,各种酶所需盐浓度相同,则消化可同时进行;若需要的盐浓度不相同,则必须先用低盐浓度的限制性内切酶消化完后,再调整到高盐缓冲系统,加入高盐浓度的限制性内切酶继续消化。DNA 甲基化、附有蛋白质或高分子 DNA 胶体溶液太黏稠均会降低内切酶的消化效率。由于在限制性内切酶消化反应中,甘油浓度超过 5%（*v/v*）会抑制内切酶活性,因此在 20μl 反应体系中,甘油浓度应少于 1μl。有些限制性核酸内切酶需要牛血清白蛋白作为辅助因子,在使用时必须加入牛血清白蛋白,使其终浓度达到 0. 1mg/ml,才能使酶正常工作。另一些限制性核酸内切酶虽然不需要牛血清白蛋白作为辅助因子,但加入牛血清白蛋白并不会干扰它们的活性。

一定的 DNA 分子的核苷酸顺序是一定的,某种限制性内切酶作用于该 DNA 的切点数一定,故所得的 DNA 片段数和片段的大小也一定,通过琼脂糖凝胶电泳或聚丙烯酰胺凝胶电泳分离,以标准 DNA 作对照,溴化乙锭染色后,测出各 DNA 片段移动的位置和距离。以各标准 DNA 片段的分子质量对数为纵坐标,各标准 DNA 片段的移动距离为横坐标,求出各样品 DNA 片段的分子大小。

【操作】

1. 样品 DNA 的限制性内切酶消化

（1）取 2μg 样品 DNA 溶液加入 0. 5ml 的 Eppendorf 管中,加 2μl 10×限制性内切酶缓冲液,6～10U 的相应限制性内切酶,加消毒双蒸水至总体积 20μl,于 37℃ 酶解 2 小时,按上述条件用适当的几种不同的内切酶进行单酶或双酶解。

（2）在 65℃ 加热 5 分钟或用适量的 0. 5mol/L EDTA-Na_2 终止反应。

2. DNA 酶解片段的电泳分离 取 DNA 酶解样品 2μl 加 6×上样缓冲液 10μl(含溴酚蓝指示剂和甘油),在 0. 8% 琼脂糖(含 0. 5μg/ml 溴化乙锭)凝胶进行水平电泳,电压<5V/cm,时间 2 小时左右,用紫外灯观察分析。

【注意事项】

（1）分子克隆是微量操作技术，DNA 样品与限制性内切酶的用量都极少，必须严格注意吸样量的准确性及全部放入反应体系中。

（2）要注意酶切时加样的次序，一般次序为水、缓冲液、DNA 各项试剂，最后才加酶液。取液时，Tip 头要从溶液表面吸取，以防止 Tip 头沾去过多的液体与酶，待用的内切酶要放在冰浴内，用后盖紧盖，立即放回-20℃冰箱，防止限制性内切酶的失活。

（3）凡用在酶切反应中的所有塑料器皿（Eppendorf 管、Tip 头等）都要灭菌，置 50℃温箱中烘干，使用前打开包装，用镊子夹取，不直接用手去拿，严防污染。

（4）当样品在 37℃与 65℃保温时，要注意：①防止因盖未盖严密使水汽进入管内，使反应溶液体积大量增加，造成实验失败。②防止由于标签脱落，分不清样品类型。

（5）由于温差原因，往往在盖上有水汽，因此样品酶切完毕或中间取样电泳要离心 2 秒，以集中体积内溶液，否则会发现酶切后体积少了。

【器材】 恒温水温箱、电泳仪、水平电泳槽、可调移液器、紫外透射仪。

【试剂】

（1）限制性内切酶：如 *Eco*RⅠ、*Hind*Ⅲ、*pst*Ⅱ、*Bam*HⅠ等，-20℃储存。

（2）样品 DNA：如 λDNA、pBR322 等，-20℃储存。

（3）限制性内切酶缓冲液：随酶提供。

（4）10×TBE 电泳缓冲液：0.89mol/L Tris、0.89mol/L 硼酸、0.02mol/L EDTA-Na_2 溶液，pH 8.0，高温灭菌，储存于 4℃。

（5）6×上样缓冲液：0.25% 溴酚蓝、40% 蔗糖，用消毒双蒸水配制，储存于 4℃。

（6）消毒双蒸水。

实验三十七　目的基因与质粒 DNA 的连接

【目的】

（1）了解 DNA 连接酶的作用特点。

（2）熟悉 DNA 片段连接的操作方法。

【原理】 利用 DNA 连接酶把载体 DNA 和要克隆的目的 DNA 片段连接在一起，成为一个完整的重组分子，这就是分子克隆中常说的连接反应。当载体 DNA 和外源 DNA 末端都是由一种产生黏性末端的内切酶切割产生的话（同尾酶也可以），或者二者末端被接上一段互补的多聚体的尾巴，那么经退火后可形成新的重组分子。连接后产生的重组分子中仍然保留着外源 DNA 两端的限制性内切酶切点，从而使我们能方便地从重组分子再次分离出所克隆的 DNA 片段。

【操作】

（1）取 3 支 Eppendorf 离心管，标上①、②、③号。

（2）按表 2-10-1 依次加双蒸水、载体 DNA 及目的 DNA 等。

表 2-10-1　DNA 片段连接的操作表

	载体 DNA（μl）	目的 DNA（μl）	ddH_2O（μl）	10×Buffer（μl）	T_4 连接酶（0.2U/ml）（μl）
①	1.0	—	7.0	1.0	1.0
②	1.0	8.0	—	1.0	—
③	1.0	5.0	2.0	1.0	1.0

（3）离心 3 秒，置 65℃保温 10 分钟后取出插入冰中。

（4）按表中所示的量加入 10×缓冲液①③管中加连接酶。

（5）混匀，离心 3 秒，置 12℃恒温水容器过夜。次日取出，如不作转染，放-20℃保存。②和①为对照，以检查载体 DNA 的酶切效果和连接酶连接效果。

现在各公司均已推出快速连接 DNA 试剂盒。该试剂盒能在室温下 5 分钟内将黏性末端或平头末端片段连接。进行反应需要的所有试剂已包括在试剂盒内。

【试剂】

（1）载体 DNA；pUC19，经 Xba Ⅰ/Sal Ⅰ切割，分子量约 2.9kb，浓度约 1μl＝10ng。

（2）外源 DNA：人工合成的 DNA，分子量约 1.8kb，1μl＝5ng。

（3）10×连接反应液：700mmol/L Tris · HCl、pH 7.5 70mmol/L $MgCl_2$、0.7mmol/L ATP。

（4）T_4 DNA 连接酶稀释液：50mmol/L Tris · HCl、pH 7.5 500μg/ml BSA（牛血清白蛋白）。

实验三十八　质粒 DNA 的转化和筛选

【目的】

（1）了解质粒 DNA 转化的基本原理。

（2）熟悉质粒 DNA 转化的基本操作步骤。

【原理】 本方法是用环状、具有自主 DNA 复制起始点和可选择标记（如耐抗生素）的质粒 DNA 转化细菌细胞。将对数期生长的细菌在 $CaCl_2$ 中冰浴使 DNA 可渗透进去。短时间的热休克有利于这种摄取。摄取了质粒 DNA 的细菌细胞，可在含有抗生素的培养基上生长。而没有质粒的细胞则不能生长，转化成功的细胞将形成分散的细菌克隆。

预备：为得到 pBR322 质粒需要的细菌株（即 LE392、HB101、JM103、JM107 或 JM109 细胞），将 LE392 或 HB101 在 LB 平板上划线或者将 JM103、JM107 或 JM109 在小琼脂平板上划线，从而得到一个细菌克隆的储存平板；用纯化的含有所需插入物的质粒以转化细胞（自己制备、买来或别人赠送），LB 培养基/琼脂/抗生素平板必须预先制备以便转化与选择性生长，应用适当的抗生素。

【操作】

1. 培养细菌细胞及感受态细胞的制备

（1）加 40ml LB 培养基到一个灭菌的培养瓶中，用火焰消毒瓶口。

（2）在火焰上消毒一支接种环针，将其放在琼脂边上冷却。用针环从储存培养板上刮一个克隆的细胞。

（3）把细胞从针环上摇下并转移到培养基中。将培养瓶放在 37℃，300r/min 振摇 2 小时，让细胞的 OD_{600} 达到 0.3～0.5。

（4）将细胞转移至冷的离心管中，冰浴 10 分钟。

（5）在 4000r/min，4℃离心 10 分钟。

（6）将细胞沉淀轻轻悬浮于 0.1mol/L $CaCl_2$ 溶液中，此时的细胞非常易碎。

（7）将细胞置冰浴 15 分钟，此时的细胞称为感受态（competent）细胞。

（8）在 4000r/min，4℃下离心 10 分钟。悬浮细胞在 0.1mol/L 预冷 $CaCl_2$ 液中，并分装成 200μl 小份。为增加感受态细胞，在使用前可以将细胞储存过夜，但 2 天以后，细胞活力会下降。

2. 转化

（1）在消毒过的管中，加 30 ~ 100ng 外源 DNA 与 200μl 感受态细胞混匀。

（2）冰育 30 分钟。

（3）将管转移到 42℃水浴中加热冲击 2 分钟使之热休克，或用 37℃水浴 5 分钟。

（4）加 800μl LB 培养基在 37℃摇动或在摇床转动生长 45 分钟，转速不超过 220r/min，使抗性基因表达。

3. 平板培养细胞

（1）用一支末端弯曲的玻棒（以 70% 乙醇溶液和火焰消毒）将细胞涂在 LB 培养基/琼脂/抗生素板上，在不同的板上涂不同的量（即 50μl、100μl 和 200μl），根据经验决定可产生分散很好的克隆的细胞量，可将剩余的细胞放在 4℃储存以便进一步接种。

（2）取 100μl 未转化的细菌，涂在另一平板上作为阴性对照。

（3）将平板置于室温直至液体吸收。

（4）倒置平皿，在 37℃生长过夜，12 ~ 16 小时后克隆将出现。

（5）克隆可以用作重组质粒的微量 DNA 分析、制备性质粒的扩增或储存。

4. 长期储存转化的细菌（甘油储存）

（1）用接种针挑取单个克隆细胞放在含适当的抗生素的 2ml LB 培养基中，摇动生长，直到变混浊。

（2）从每管中取 0. 8ml 细胞，放在 1 个消过毒的小管内，再加 0. 2ml 消毒甘油，混匀，将细胞放在 -70℃冷冻。用这种甘油储液在适当的 LB/琼脂/抗生素平板上划线可以重新得到转化细菌的克隆。

【器材】 恒温培养箱。

【试剂】 LB 培养基（灭菌）；50mmol/L $CaCl_2$ 溶液（灭菌）、甘油（灭菌）、LB/琼脂/抗生素平板（采用适当的抗生素，取决于载体）。

第三篇　研究性实验

实验三十九　胰岛素和肾上腺素对血糖及肝糖原的影响

【目的】

(1) 掌握胰岛素和肾上腺素对血糖浓度的影响原理。

(2) 了解糖原测定的方法和操作。

【原理】

1. 血糖浓度的调节　人和动物的血糖浓度均受各种激素调节而维持恒定,其中胰岛素的作用主要是促进肝脏和肌肉将葡萄糖合成糖原,并加强糖的氧化作用,故可降低血糖及增高糖原含量。肾上腺素的作用主要是促进肝糖原分解,故可增高血糖及降低糖原含量。本实验观察小鼠在注射胰岛素和肾上腺素前后的血糖浓度变化。

2. 血糖的测定　测定血糖的方法很多,常用葡萄糖氧化酶法(见实验三)和邻甲苯胺法。

3. 糖原的测定　利用三氯乙酸使蛋白质变性,使之与糖原分离。然后利用糖原不溶于乙醇而溶于热水的性质,先用95%乙醇溶液将滤液中的糖原沉淀,使糖原纯化,再溶于热水中,最后加碘液呈色,与标准液同时比色定量。

【操作】

1. 动物处理　每组取3只小鼠并做标记,采用断尾取血法,采血100μl,置于含有肝素(5.0μl)的Eppendorf抗凝管内,用凡士林涂抹鼠尾止血。然后分别注射生理盐水、胰岛素和肾上腺素观察血糖浓度变化按如图3-1操作。

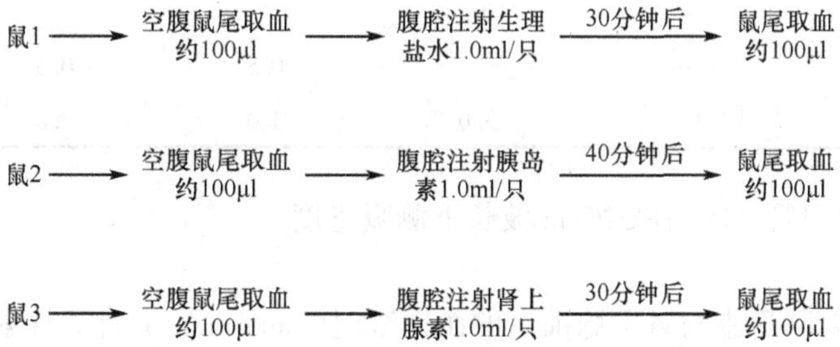

图3-1　动物处理操作图

【注意事项】　①小鼠断尾取血可以多次进行,如果血量太少,可以再剪掉鼠尾,操作者从尾根部向尾尖捋挤,比较容易得到所需血量,吸出的血液应及时放入抗凝管中。②生理盐水、胰岛素和肾上腺素应注入小鼠腹腔,避免注入肠管中。③在此过程中注意观察小鼠心跳、呼吸、表情等各种生理现象变化。

2. 血糖测定

(1) 血浆的制备:将上述各管抗凝全血在离心机中离心3000r/min,5分钟,使血细胞下沉,所得到的上清液即为血浆。

注意：血浆制备的过程中应防止溶血，取得全血后也要避免剧烈振摇。

（2）取小试管 8 管，分别标号，按表 3-1 操作。

表 3-1　血糖测定操作表

试剂	空白管	标准管	测定管					
			注射生理盐水前	注射生理盐水后	注射胰岛素前	注射胰岛素后	注射肾上腺素前	注射肾上腺素后
血浆或血清（μl）	—	—	20	20	20	20	20	20
葡萄糖标准液（μl）	—	20	—	—	—	—	—	—
磷酸盐缓冲液（μl）	20	—	—	—	—	—	—	—
酶酚混合试剂（ml）	3.0	3.0	3.0	3.0	3.0	3.0	3.0	3.0

混匀，37℃水浴 15 分钟，冷却后以 505mm 比色，空白管调零点，分别记录各管吸光度。

3. 肝糖原测定

（1）肝糖原的提取

1）动物处死后，迅速取出肝脏，用生理盐水洗净，滤纸吸干，称取 1g 肝脏。

2）肝组织加 12% 三氯乙酸溶液 3ml，研磨成糜状，得滤液。

3）取 2ml 滤液于离心管中，加入 95% 乙醇溶液 2ml 混匀，静置 10 分钟后 2000r/min 离心 10 分钟，白色沉淀即为糖原。

（2）肝糖原测定：糖原沉淀加蒸馏水 2ml，置沸水浴中使沉淀溶解。

取 6 支试管，编号，按下表 3-2 操作。

表 3-2　肝糖原测定操作表

试剂	空白管	标准管	测定管		
			鼠 1	鼠 2	鼠 3
5% 三氯乙酸溶液（ml）	2	1.5	1.5	1.5	1.5
肝糖原标准液（ml）	—	0.5	—	—	—
糖原溶解液（ml）	—	—	0.5	0.5	0.5
碘试剂（ml）	3.0	3.0	3.0	3.0	3.0

混匀后，以空白管调零，在 520nm 波长下测吸光度。

4. 结果计算

（1）算出注射胰岛素与肾上腺前后的血糖浓度（mmol/L），并计算注射胰岛素后血糖降低和注射肾上腺后血糖升高的百分率。

（2）计算肝糖原。

血糖正常值为 3.89～6.11mmol/L（70～110mg/dl）。

【注意事项】

（1）本法对葡萄糖特异性较高，能干扰测定结果的物质很少。

（2）由于温度对本实验影响较大，水浴时应严格控制温度，防止酶活性丧失。

【器材】　注射器及针头、血糖抗凝管、7220 型分光度计、离心机、研钵、试管、漏斗。

【试剂】

（1）1% 肝素：称取 1g 肝素溶于 100ml 双蒸水中。

（2）胰岛素：将市售胰岛素稀释 100 倍后使用。

（3）肾上腺素：将市售肾上腺素稀释 100 倍后使用。

（4）0. 9% NaCl 溶液：称取 9g NaCl 溶解于蒸馏水至 1000ml。

（5）碘试剂：①称取 1g 碘和 2g 碘化钾，溶于 20ml 蒸馏水中。②19. 6% 氯化钠溶液取 196g 氯化钠用蒸馏水溶解并定容至 1000ml。将 16. 5ml 的①液加到 990ml 的②液中，混匀后储存于棕色瓶中。

（6）5% 三氯乙酸溶液：称 50g 三氯乙酸，用蒸馏水溶解并定容至 1000ml。配制后需用标准的 0. 1mol/L 氢氧化钠溶液滴定（酚酞指示剂）。三氯乙酸的浓度必须在 4. 9 ~ 5. 1 才能用，否则会影响显色结果。

（7）肝糖原标准液（30mg%）：精确称取 100% 纯度的肝糖原 30mg，溶于 5% 三氯乙酸溶液至 100ml，储于冰箱中。

（8）95% 乙醇溶液。

（9）凡士林。

其余试剂见实验三。

实验四十　血清 γ-球蛋白的分离纯化与鉴定

【目的】

（1）掌握盐析法、分子筛层析法、离子交换层析等实验原理及操作技术。

（2）熟悉电泳、免疫印迹在蛋白质鉴定中的应用。

（3）了解蛋白质分离提纯的总体思路。

【原理】　血清中蛋白质按电泳法一般可分为五类：清蛋白、α_1-球蛋白、α_2-球蛋白、β-球蛋白和 γ-球蛋白，其中 γ-球蛋白含量约占 16%，100ml 血清中含 1. 2g 左右。

首先利用清蛋白和球蛋白在高浓度中性盐溶液中（常用硫酸铵）溶解度的差异而进行沉淀分离，此为盐析法。半饱和硫酸铵溶液可使球蛋白沉淀析出，清蛋白则仍溶解在溶液中，经离心而分离。沉淀部分即为含有 γ-球蛋白的粗制品。

用盐析法分离而得的蛋白质中含有大量的中性盐，会妨碍蛋白质进一步纯化，因此必须首先去除。常用的方法有透析法、凝胶层析法等。本实验采用凝胶层析法，其目的是利用蛋白质与无机盐类之间分子质量的差异。当溶液通过葡聚糖凝胶 G-25 凝胶柱时，溶液中分子直径大的蛋白质不能进入凝胶颗粒的网孔，而分子直径小的无机盐能进入凝胶颗粒的网孔之中，因此在洗脱过程中，小分子的盐会被阻滞而后洗脱出来，从而可达到去盐的目的。

脱盐后的蛋白质溶液尚含有各种球蛋白，利用其等电点的差异可进行分离。α-球蛋白、β-球蛋白的 pI<6. 0；γ-球蛋白的 pI 为 7. 2 左右。因此在 pH6. 3 的缓冲溶液中，各类球蛋白所带电荷不同。经二乙基氨基乙基（DEAE）纤维素阴离子交换层析柱进行层析时，带负电荷的 α-球蛋白和 β-球蛋白能与 DEAE 纤维素进行阴离子交换而被结合；带正电荷的 γ-球蛋白则不能与 DEAE 纤维素进行交换结合而直接从层析柱流出。因此随洗脱液流出的只有 γ-球蛋白，从而使 γ-球蛋白粗制品被纯化。其反应式如图 3-2：

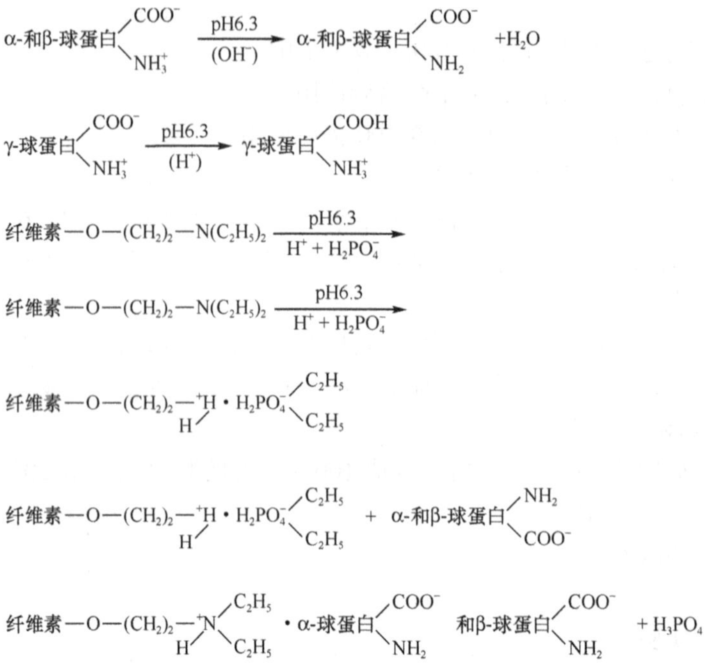

图 3-2　实验四十反应式

用上述方法分离得到 γ-球蛋白是否纯净，可将纯化前后的 γ-球蛋白进行电泳进行鉴定，并应用 SDS-PAGE 电泳测定相对分子质量，应用 Western 印迹进行性质鉴定，原理见实验十四和实验十九。

【操作】

1. 盐析　中性盐沉淀。取正常人血清 2.0ml 于小试管中，加 0.9% 氯化钠溶液 2.0ml，边搅拌混匀边缓慢滴加饱和硫酸铵溶液 4.0ml，混合后于室温中放置 10 分钟，5000r/min，离心 10 分钟。小心倾去含有清蛋白的上清液，沉淀中再加 0.9% 氯化钠溶液 1.0ml，边搅拌混匀边缓慢滴加饱和硫酸铵溶液 2.0ml，混合后于室温中放置 10 分钟，5000r/min 离心 10 分钟，小心倾去上清液，沉淀中加入 0.0175mol/L 磷酸盐缓冲液（pH 6.3）1.0ml 使之溶解，此液即为粗提的 γ-球蛋白溶液。

2. 脱盐　凝胶柱层析。操作可参考实验八。

（1）装柱：洗净的层析柱保持垂直位置，关闭出口，柱内留下约 2.0ml 洗脱液。一次性将凝胶从塑料接口加入层析柱内，打开柱底部出口，调节流速 0.3ml/min。凝胶随柱内溶液缓慢流下而均匀沉降到层析柱底部，最后使凝胶床达 20cm 高，床面上保持有洗脱液，操作过程中注意不能让凝胶床表面露出液面并防止层析床内出现“纹路”。在凝胶表面可盖一圆形滤纸，以免加入液体时冲起胶粒。

（2）上样与洗脱：可以在凝胶表面上加圆形尼龙滤布或滤纸使表面平整，小心控制凝胶柱下端活塞，使柱上的缓冲液面刚好下降至凝胶床表面，关紧下端出口，用长滴管吸取盐析球蛋白液，小心缓慢加到凝胶床表面。打开下端出口，将流速控制在 0.25ml/min 左右使样品进入凝胶床内。关闭出口，小心加入少量 0.0175mol/L 磷酸盐缓冲液（pH 6.3）洗柱内壁。打开下端出口，待缓冲液进入凝胶床后再加少量缓冲液。如此重复 3 次，以洗净内壁上的样品溶液。然后可加入适量缓冲液开始洗脱。

加样开始应立即收集洗脱液。洗脱时可以选择接通蠕动泵，流速为0.25ml/min，用部分收集品收集，每管收集1ml。

(3) 洗脱液中蛋白质与NH_4^+的检查：取比色板两个（其中一个为黑色背底），按洗脱液的顺序每管取一滴，分别滴入比色板中，前者加20%磺基水杨酸溶液2滴，出现白色混浊或沉淀即示有蛋白质析出，由此可估计蛋白质在洗脱各管中的分布及浓度；于另一比色板中，加入奈氏试剂应用液1滴，观察是否出现棕黄色混浊或沉淀，以检测NH_4^+出现的情况。合并球蛋白质含量高（但没有出现NH_4^+）的各管，混匀。除留少量作电泳鉴定外，其余用DEAE纤维素阴离子交换柱进一步纯化。

3. 纯化　DEAE纤维素阴离子交换层析。操作可参考实验九。

用DEAE纤维素装柱8~10cm高度，并用0.0175mol/L磷酸盐缓冲液（pH 6.3）平衡，然后将脱盐后的球蛋白溶液缓慢加入DEAE纤维素阴离子交换柱上，用同一缓冲液洗脱、分管收集。用20%磺基水杨酸溶液检查蛋白质分布情况（装柱、上样、洗脱、收集及蛋白质检查等操作步骤同凝胶层析）。

4. 浓缩　经DEAE纤维素阴离子交换柱纯化的γ-球蛋白溶液，往往浓度较低，为便于鉴定，常需浓缩。将纯化的γ-球蛋白溶液，收集中间段较浓γ-球蛋白溶液2ml，按每ml加0.2~0.25g葡聚糖凝胶G-25干胶，摇动2~3分钟，离心3000r/min，5分钟。上清液即为浓缩的γ-球蛋白溶液。吸取一部分上清液保存于4℃冰箱，用于Western印迹实验鉴定γ-球蛋白。

5. 纯度鉴定　乙酸纤维素薄膜电泳。取乙酸纤维素薄膜2条，分别将血清、DEAE纤维素阴离子交换柱纯化的γ-球蛋白液等样品点上。乙酸纤维薄膜电泳法进行电泳分离、染色，比较电泳结果（参阅实验十一）。

6. 分子质量测定　SDS-PAGE，步骤参阅实验十四。

7. 免疫学活性鉴定　Western印迹，步骤参阅实验十九。

【注意事项】

(1) 凝胶及DEAE纤维处理期间，必须小心用倾泻法除去细小颗粒。这样可使凝胶及纤维素颗粒大小均匀，流速稳定，分离效果好。

(2) 装柱是层析操作中最重要的一步。为使柱床装得均匀，务必做到凝胶悬液或DEAE纤维素混悬液不稀不厚，一般浓度为1:1，进样及洗脱时切勿使床面暴露在空气中，不然柱床会出现气泡或分层现象；加样时必须均匀。切勿搅动床面，否则均会影响分离效果。

(3) 本法是利用γ-球蛋白的等电点与α-球蛋白、β-球蛋白不同，用离子交换层析法进行分离的。因此，层析过程中用的缓冲液pH要求精确。

(4) 电泳注意事项见实验十一、实验十四等。

(5) 凝胶储存：凝胶使用后如短期不用，为防止凝胶发霉可加防腐剂（如0.02%叠氮钠）。保存于4℃冰箱内。若长期不用，应脱水干燥保存。

(6) 离子交换剂的再生和保存：离子交换剂的价格较贵，每次用后只需再生处理便能反复使用多次。处理方法是：交替用酸、碱处理，最后用水洗至接近中性。阳离子交换剂最后为Na^+型，阴离子以Cl^-型是最稳定型，故阴离子交换剂处理顺序为碱—水—酸—水。由于上述交换剂都是糖链结构。容易水解破坏，因此须避免强酸、强碱长时间浸泡和高温处理，一般纤维素浸泡时间为3~4小时。

除用凝胶层析法去除无机盐类外，最常用的去盐法就是透析。细的透析袋效率高，所需时间短。将透析袋一端折叠,用橡皮筋结扎,试验是否逸漏,然后倒入待透析的蛋白质溶液。勿装太满,将袋的上端也结扎好,即可进行透析。开始可用流动的自来水,待大部分盐被透析出后,再改为生理盐水、缓冲液或蒸馏水。透析最好在较低的温度下,并在磁力搅拌器上进行。此法简单、易操作,仪器及试剂要求不高,但不如凝胶层析法效率高。

浓缩 γ-球蛋白粗提液除上述方法外还可用透析袋浓缩。将待浓缩的蛋白质溶液放入较细的透析袋中,置入搪瓷盘内。透析袋周围可撒上聚乙二醇 6000(PEG 6000)、聚乙烯吡咯酮或蔗糖。以上物质在使用后(吸了大量水)都可以通过加温及吹风而回收;将装有蛋白质溶液的透析袋悬挂起来,用电风扇高速吹风(10℃以下),也可达到浓缩的目的,以上两法虽不如葡聚糖凝胶 G-25 干胶快,但价格较便宜,方法也不繁琐。

【试剂】

(1) 饱和硫酸铵溶液:称固体硫酸铵(分析纯)850g,置于 1000ml 蒸馏水中,在 70 ~ 80℃水溶液中搅拌溶解。将酸度调节至 pH 7.2。室温中放置过夜,瓶底析出白色结晶,上清液即为饱和硫酸铵溶液。

(2) 葡聚糖凝胶 G-25 的处理:按每 100ml 凝胶床体积需要葡聚糖凝胶 G-25(干胶)25g 称取所需量后置于锥形瓶中。每克干胶加入蒸馏水约 30ml,用玻棒轻轻混匀,置于 90 ~ 100℃水溶液中搅动,使气泡逸出。1 小时后取出,稍静置,倾去上清液细粒(也可于室温中浸泡 24 小时,搅拌后稍静置,倾去上清液细粒)。用蒸馏水洗涤 2 ~ 3 次,然后加 0.017mol/L 磷酸盐缓冲液(pH 6.3)平衡,备用。

(3) 二乙基氨基乙基-32(DEAE-32)纤维素的处理:按 100ml 柱床体积需 DEAE 纤维素 14g 称取,每克加 0.5mol/L 盐酸溶液 15ml,搅拌。放置 30 分钟(盐酸处理时间不可太长,否则 DEAE 纤维素变质)。加约 10 倍量的蒸馏水搅拌,放置片刻,待纤维素下沉后,倾弃含细微悬浮物的上层液。如此反复数次。静置 30 分钟,虹吸去除上清液(也可用布氏漏斗抽干),直至上清液 pH>4 为止。加等体积 1mol/L 氢氧化钠溶液,使最终浓度约为 0.5mol/L 氢氧化钠,搅拌后放置 30 分钟,以虹吸除去上层液体。同上用蒸馏水反复洗至 pH<7 为止。虹吸去除上层液体,然后加入 0.0175mol/L 磷酸盐缓冲液(pH 6.3)平衡,备用。

(4) 0.0175mol/L 磷酸盐缓冲液(pH 6.3)

1) A 液:称取磷酸二氢钠($NaH_2PO_4 \cdot 2H_2O$)2.730g,溶于蒸馏水中,加蒸馏水稀释至 1000ml。

2) B 液:称取磷酸氢二钠($Na_2HPO_4 \cdot 12H_2O$)6.269g,溶于蒸馏水中,加蒸馏水稀释至 1000ml。

取 A 液 77.5ml,加于 B 液 22.5ml,混匀后即成。

(5) 20% 磺基水杨酸溶液。

(6) 奈氏(Nessler)试剂应用液。

1) 储存液:称取碘化钾(KI)7.5g 于 250ml 三角烧瓶中,用蒸馏水 5ml 溶解,再加入碘(I_2)5.5g 溶解,加汞(Hg)7 ~ 7.5g 用力振摇 10 分钟(此时产生高热,须冷却),直至棕红色的碘转变成带绿色的碘化汞钾液为止,将过滤上清液倾入 100ml 容量瓶,洗涤沉淀,洗涤液一并倒入容量瓶内,用蒸馏水稀释至 100ml。

2) 应用液:取储存液 75ml 加 10% NaOH 350ml,加蒸馏水至 500ml。

(7) 0.9% 氯化钠溶液

(8) 乙酸纤维素薄膜电泳、SDS-PAGE、Western 印迹相关试剂见实验十一、实验十四和实验十九。

实验四十一　青豌豆素的分离纯化及其鉴定

【目的】

(1) 熟悉亲和层析的基本原理。

(2) 了解亲和层析分离提纯蛋白质的基本方法。

(3) 了解青豌豆素生物活性鉴定方法。

【原理】 生物体中许多高分子化合物之间具有专一性可逆结合的特征，如，酶蛋白和辅酶、抗原和抗体、激素与受体、核糖核酸与互补的脱氧核糖核酸等。生物分子间的这种专一性结合能力称为亲和力，根据生物分子间亲和力大小产生吸附和解吸作用而建立的层析方法称为亲和层析。

亲和层析的基本过程如下：具有亲和力的一对分子，其中一种分子作为配基，固定化结合在不溶性载体上装入层析柱成亲和柱，当含有另一种分子的混合液作为流动相流入亲和柱时，能与配基亲和结合的分子被吸附，其他杂质直接流出，再改变流动相的溶液，使配基与其亲和物解离从而解吸出待分离的分子来。

亲和层析中最常用的具有亲和力的生物体系有：①酶，底物、抑制剂、辅酶。②抗体，抗原、病毒、细胞。③外源凝集素，受体、载体蛋白。④细胞，细胞表面特异蛋白、外源性凝集素。

青豌豆素是一种植物凝集素，可在体外促进兔红细胞发生凝集作用，其化学本质是糖蛋白，分子上具有糖基结合结构域，可特异性结合葡萄糖。亲和层析是近代发展起来的一种特异性高的蛋白质分离提纯技术，它利用某些蛋白质与层析柱上配体发生特异的非共价结合，将此蛋白与其他杂蛋白分离开来，再用特异试剂将可逆结合的蛋白质从层析柱上洗脱下来，这样就可达到分离提纯这种蛋白质的目的，其特点是操作简便、快速、分离效果好。

本实验利用青豌豆素可与葡聚糖凝胶发生特异性结合，再用含葡萄糖的氯化钠溶液将青豌豆素洗脱下来。利用青豌豆素和杂蛋白对兔红细胞凝集作用的差异来进行鉴定分离纯化后的样品，进而学习亲和层析技术。

【操作】

1. 提取　取青豌豆 100g，加含 0.15mol/L 氯化钠溶液的 0.01mol/L pH 7.0 磷酸缓冲液 200ml 浸泡过夜，经膨胀后用组织捣碎机捣碎，倒入布袋中压榨出水提液，在沉渣中再加入磷酸缓冲液 100ml 搅拌，浸泡 1 小时，压榨出水提液，合并水提液，量出总体积，加 0.01% 叠氮钠防腐。

2. 蛋白质沉淀　边搅边加入固体硫酸铵达 80% 饱和(每升溶液加硫酸铵 561g)冷藏过夜。吸取上清液，沉淀再用两层滤纸抽气过滤至干，即得粗制青豌豆素蛋白沉淀物硫酸铵糊。置冰箱保存。

3. 亲和层析分离

(1) 装柱：取直径为 1.0cm，长度为 25cm 的层析柱，按实验十五操作，自顶部缓缓加入稀薄的葡聚糖糖凝胶 G-25 悬液，待凝胶上升至距顶柱 3 ~ 5cm 即可，用 1mol/L NaCl 溶液平衡 10 分钟。

(2) 加样并收集：称硫酸铵糊 0.3g 溶于 3ml 1mol/L 氯化钠中，离心 3000r/min 10 分钟，取上层悬液上柱，用 1mol/L NaCl 洗脱收集每管 3.5ml，在 280nm 紫外光上比色检测，直至吸光值下降到接近零为止。此洗脱峰为不与葡萄糖亲和的杂蛋白峰。

改用含 0. 2mol/L 葡萄糖的 1mol/L NaCl 溶液进行洗脱。收集每管 3. 5ml，也在 280nm 处检测，直至吸光值下降至接近零为止。此洗脱峰为青豌豆素峰，再用 1mol/L NaCl 洗脱，再生柱，约需 10 分钟。

4. 青豌豆素生物活性测定

(1) 取新鲜兔血 1ml 于抗凝管中，离心去除血浆，血球用生理盐水洗涤离心 1000r/min 5 分钟/次，离心 3 次，直至洗液无血色为止，加生理盐水稀释 20 倍制成兔红细胞悬液，置冰箱中备用。

(2) 取点滴板一块在三孔中分别滴入对照生理盐水、280nm 吸收峰的吸光值相同的杂蛋白和青豌豆蛋白各 2 滴(用生理盐水将二种蛋白质稀释到吸光值相同)，再分别滴入兔红细胞悬液 1 滴。置 37℃ 保温 10 分钟，取出后分别用玻棒在孔中轻轻搅动，比较三者红细胞的凝集情况。

(3) 再将杂蛋白和青豌豆素溶液进一步用生理盐水稀释成 1∶5、1∶25、1∶125、1∶625、…… 再用上述方法检查比较它们对兔红细胞的凝集作用，求出它们最大生物活性的稀释倍数。兔红细胞的凝集作用也可用显微镜下进行观察、比较。

【注意事项】 不同蛋白质凝集活性的比较需在以相同 280nm 吸光值的蛋白质量作对比，故必需稀释控制。

【器材】 层析柱 1cm×25cm、9100 型分光光度计、显微镜、点滴板、水浴箱、玻片、滴管、抗凝管。

【试剂】

(1) 葡聚糖 G-50 悬液(参照实验八)。

(2) 0. 15mol/L 氯化钠溶液的 0. 01mol/L pH 7. 0 磷酸缓冲液。

(3) 硫酸铵饱和液。

(4) 0. 2mol/L 葡萄糖的 1mol/L NaCl 溶液。

实验四十二　外源基因在原核细胞的表达

【目的】

(1) 熟悉基因克隆的过程。

(2) 熟悉蛋白质原核表达的原理。

【原理】 原核表达系统是目前最为成熟的表达系统，该项技术的主要方法是将带有目的基因的载体(一般为质粒)转化到细菌(通常选用的是大肠埃希菌)，通过诱导表达并最终纯化获得所需要的目的蛋白。其优点在于能够在较短时间内获得基因表达产物，而且所需的成本相对比较低廉，因此是目前获得大量蛋白质最常用的一种实验技术。

一个完整的表达系统通常包括配套的表达载体和表达菌株。如果是特殊的诱导表达还包括诱导剂，如果是融合表达还包括纯化系统或者 Tag 检测等。选择表达系统通常要根据实验目的来考虑，如表达量高低、目标蛋白的活性、表达产物的纯化方法等。

(1) 启动子：启动子的强弱是对表达量有决定性影响的因素之一。从转录模式上看有组成型表达和诱导调控型表达。lac 和 Tac，PL 和 PR，T7 是最常用的启动子。

(2) 诱导调控型表达：表达载体采用诱导型启动子，只有在诱导剂存在的条件下才能表达目的产物。这种方法有助于避免菌体生长前期高表达对菌体生长的影响，又可减少菌体蛋白酶对目标产物的降解。特别适合解决有毒蛋白的表达。另外也有启动子是组成型的，但是启动子所依赖的转录酶是诱导表达的，也属于诱导表达系统。

（3）融合表达：表达载体的多克隆位点上有一段融合表达标签（Tag），表达产物为融合蛋白（有分 N 端或者 C 端融合表达），方便后继的纯化步骤或者检测。对于特别小的分子建议用较大的 Tag（如 GST）以获得稳定表达；而一般的基因多选择小 Tag 以减少对目的蛋白的影响。His-Tag 是最广泛采用的 Tag。

（4）核糖体结合位点：启动子下游从转录起始位点开始延伸的一段碱基序列，其中能与 rRNA 16S 亚基 3′端互补的 SD 序列对形成翻译起始复合物是必需的，多数载体启动子下游都有 SD 序列，也有些载体没有，适合自带 SD 序列的基因表达。

（5）终止子：转录终止子对外源基因在大肠埃希菌中的高效表达有重要作用，即控制转录的 RNA 长度提高稳定性，避免质粒上异常表达导致质粒稳定性下降。放在启动子上游的转录终止子还可以防止其他启动子的通读，降低本底。转录终止子有两类，Rho 因子作用下使转录终止 mRNA 和根据模版上的对称序列形成发夹结构而终止 mRNA。常见的是 rrnB rRNA 操纵子的 T1T2 串连转录终止子。

（6）宿主菌：DE3 溶源化的菌株如 BL21（DE3）就是最常用的表达菌株。噬菌体 DE3 是 lambda 噬菌体的衍生株，含有 lac Ⅰ 抑制基因和位于 lacUV5 启动子下的 T7 RNA 聚合酶基因，构建好的表达载体可以直接转入表达菌 BL21（DE3）中，诱导调控方式和 lac 一样都是 IPTG 诱导。

本实验拟采用 PCR 扩增 HBV 的 X 蛋白，克隆到 pEX4T-1 原核表达系统（结构及多克隆位点如图 3-3 所示）中，在大肠埃希菌 BL21（DE3）用 IPTG 诱导表达出 GST 融合的 HBx 蛋白。

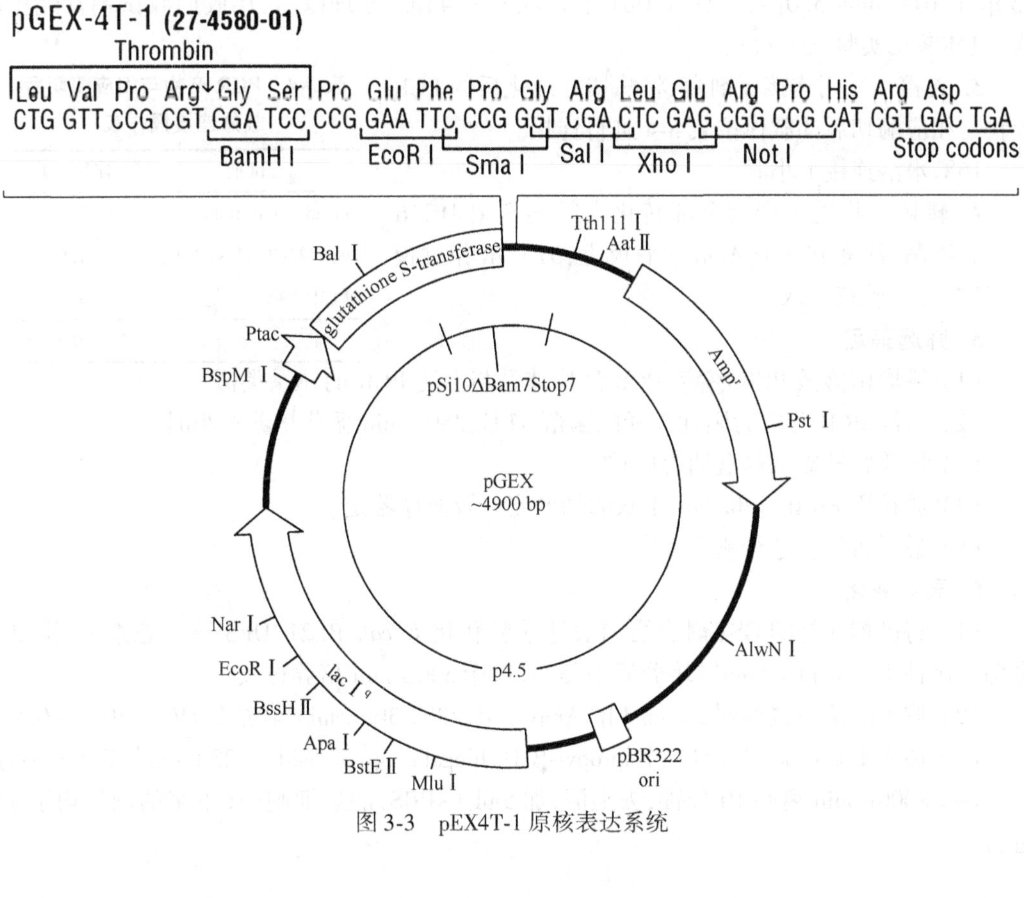

图 3-3　pEX4T-1 原核表达系统

表 3-3 PCR 扩增操作表

试剂	体积(μl)
10×Pfu 酶 Buffer	2.5
dNTP(2.5mmol/L)	2.0
Forward primer(10μmol/L)	0.5
Reverse primer(10μmol/L)	0.5
模板(p56 质粒)	1.0
Pfu 酶(2.5U/μl)	1.0
ddH_2O	17.5
总计	25.0

【步骤】

1. 目的基因的扩增 具体参见实验三十一。

(1) 引物序列:

HBxF: cggaattcatggctgctaggctgtgctgcc(下画线为 *Eco*R Ⅰ 酶切位点)

HBxR: atttgcggccgcttaggcagaggtgaaaaagtt(下画线为 *Not* Ⅰ 酶切位点)

(2) PCR 扩增:采用高保真的 Pfu DNA 聚合酶体系进行扩增,扩增体系如表 3-3:

PCR 反应条件为:

94℃ 5 分钟→94℃ 30 秒→56℃ 30 秒→72℃ 30 秒→72℃ 7 分钟

30 cycles

30 cycles

(3) 胶回收:PCR 产物经过 2% Agarose 电泳,EB 染色,割下相应大小的片段,采用胶回收试剂盒纯化 PCR 产物。

2. 酶切 使用 *Eco*R Ⅰ 和 *Not* Ⅰ 内切酶对纯化的 PCR 产物以及 pEX4T-1 质粒进行酶切,37℃酶切 2 小时,割胶回收酶切产物;酶切体系(20μl):*Eco*R Ⅰ 和 Not Ⅰ 各 1.0μl,10×Buffer 2.0μl,取 DNA 1μg,补 ddH_2O 至 20μl,HBx 和 pEX4T-1 质粒各切一管。为了防止载体的自身连接,pEX4T-1 酶切后用碱性磷酸酶(CIAP)37℃处理 30 分钟,CIAP 处理体系为(50μl):10×Buffer 5.0μl,CIAP 1.0μl,胶回收样品 44μl,处理以后,用胶回收试剂盒纯化产物(具体参见实验三十六)。

3. 连接 采用连接试剂盒,将酶切并纯化后的 PCR 产物与相应酶切后的载体按表 3-4 进行连接。

16℃水浴连接 1 小时。

表 3-4 PCR 产物与相应酶切后载体连接操作表

试剂	体积(μl)
Ligation mix Buffer	5.0
酶切好的 pcDNA3.1b	1.0
PCR 产物	4.0
总计	10.0

4. 转化 将连接产物全部转化大肠埃希菌 DH5α 感受态细菌,涂布在 LB(Amp^+)平板上,37℃培养过夜(具体参见实验三十八)。

5. 筛选鉴定

(1) 挑取菌落做 PCR 鉴定,PCR 反应体系与上述 PCR 的体系类似。

(2) 将经 PCR 鉴定为阳性克隆的菌落 37℃,250r/min 振荡培养 6 小时。

(3) 用质粒抽提试剂盒抽提质粒。

(4) 质粒用 *Eco*R Ⅰ 和 *Not* Ⅰ 双酶切鉴定以及测序鉴定。

(5) 最后将质粒进行测序鉴定。

6. 表达纯化

(1) 将已构建好的 GST 融合蛋白表达质粒转化 *E. coli* BL21/DE3 感受态细菌,挑单克隆菌落接种于 5ml LB(Amp^+)培养液中,37℃摇床 300r/min 培养过夜。

(2) 取 1ml 菌液接种到 200ml LB(Amp^+)中,28℃ 300r/min 培养至 OD_{600}=0.6~0.8。

(3) 加入 100 μmol/L IPTG(isopropyl-β-D-thiogalactopyranoside),28℃继续培养 8 小时。

(4) 8000r/min 离心 10 分钟,去上清,加 5ml 1×PBS,混悬细胞(接下来的操作均于 4℃进行)。

（5）加入 10μl 1mol/L DTT 至最终浓度为 5mmol/L，加入 20μl（10mg/ml）PMSF 至最终浓度为 100μg/ml。

（6）冰浴超声裂解细胞成匀浆。

（7）加 20% Triton X-100 至终浓度 1%，冰浴 30 分钟。

（8）12000r/min 离心 10 分钟，分装上清（1ml/管）。

（9）每管加入 20μl Glutathione Sepharose 4B Slurry，4℃ 摇动混匀 120 分钟。

（10）用含 1% Triton X-100 的 PBS 洗涤 4 次，每次加入漂洗液 1ml，混匀后 2000r/min 离心 1 分钟，去上清。

（11）沉淀加入 2×蛋白上样缓冲液 20μl，100℃水浴 10 分钟。

（12）取上清，连同未纯化的诱导、未诱导的裂解液一起上样至 12% 的 PAGE 胶，考马斯亮蓝 R-250 染色过夜，脱色，观察。

【仪器】 PCR 仪、紫外透射反射分析仪、水平式凝胶电泳槽、稳流稳压电泳仪、离心机、恒温水浴锅、旋转混匀仪、层析柜。

【试剂】

（1）Pfu Taq 酶。

（2）胶回收试剂盒、PCR 产物纯化试剂盒、质粒小量提取试剂盒。

（3）*Eco*R Ⅰ、*Not* Ⅰ内切酶及 CIAP、DNA 连接酶。

（4）1mol/L IPTG。

（5）1mol/L DTT。

（6）20% Triton X-100。

（7）Glutathione Sepharose 4B Slurry。

（8）PAGE 电泳试剂见实验十二聚丙烯酰胺凝胶电泳。

实验四十三　蛋白质与 DNA 的相互作用分析

【目的】

（1）了解蛋白质与 DNA 相互作用的分析方法。

（2）了解染色质免疫沉淀的原理及总体过程。

【原理】 蛋白质和核酸是组成生命的主要生物大分子，它们各自具有其结构特征和特定功能。核酸具有传递遗传信息等功能，而蛋白质则贯穿生命的所有生理过程。宏观上，二者的配合与作用构成诸如生长、繁殖、运动、遗传和代谢等生命现象的基础，微观上蛋白质通过与特定 DNA 片段的相互作用，调节基因的表达，从而改变细胞的生物学行为。目前研究蛋白质与 DNA 相互作用的方法很多（可参考相关的文献），比较常用的包括酵母单杂交技术、凝胶阻滞实验、DNase Ⅰ足迹法以及染色质免疫沉淀技术（chromatin immunoprecipitation assay，ChIP）等。

真核生物的基因组 DNA 以染色质的形式存在，因此研究蛋白质与 DNA 在染色质环境下的相互作用是阐明真核生物基因表达调控机制的基本途径。染色质免疫沉淀技术是目前最常用研究体内 DNA 与蛋白质相互作用的方法。其基本原理是在活细胞状态下固定蛋白质-DNA 复合物，并将其随机切断为一定长度范围内的染色质小片段，然后通过免疫学方法沉淀此复合体，特异性地富集目的蛋白结合的 DNA 片段，通过对目的片段的纯化与 PCR 检测，从而获得蛋白质与 DNA 相互作用的信息（图 3-4）。

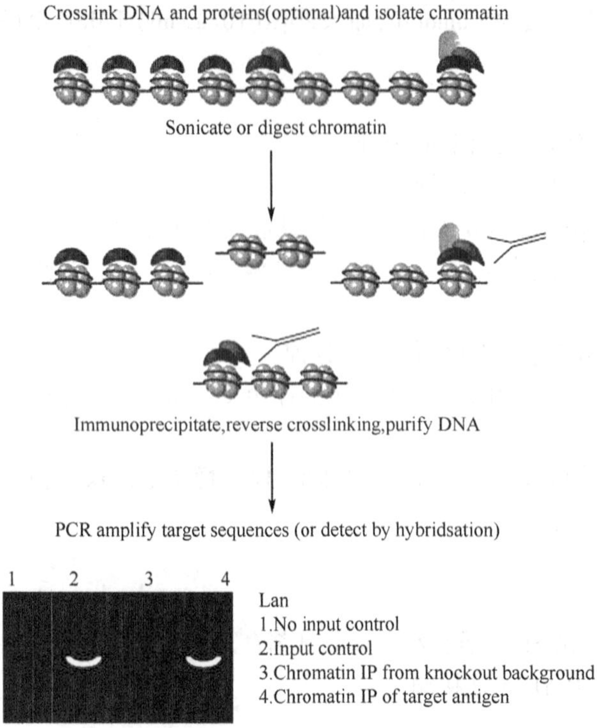

图 3-4　ChIP 的基本原理示意图

一般来说，高表达的基因，（例如 GAPDH 基因）其启动子附近结合的 Histone 都处于乙酰化状态，本实验以乙酰化的 Histone H_3 抗体进行染色质免疫沉淀，并用 3-磷酸甘油脱氢酶（GAPDH）启动子区的引物进行 PCR 扩增检测，分析 GAPDH 启动子区结合的 Histone H_3 的乙酰化状态（在很多试剂盒中，该反应一般作为 ChIP 的阳性对照）。

【操作步骤】 ChIP 的操作如下：

（1）取 80%～90% 融合的细胞（$1×10^7$ 个细胞）。

（2）按照培养上清的体积，加入甲醛（37.5%）至终浓度为 0.75%，室温混匀，交联 10 分钟。

（3）每盘加入 1.5ml 2.5mol/L Glycine，室温混匀 5 分钟，终止交联。

（4）用预冷的 PBS 洗涤细胞 2 次，用 5ml/dish PBS 收集细胞，3000r/min 离心 5 分钟。

（5）去上清，加入 FA 裂解液，每 $1×10^7$ 个细胞加 750μl。

（6）超声断裂染色质，工作时间 2 秒，间歇 3 秒，4℃超声 10 分钟。

（7）13 000r/min 离心 30 秒，将上清移至新的离心管。

（8）各取 50μl 上清液，加入 400μl Elution buffer，加入 2μl RNase A（0.5mg/ml）和 5μl of proteinase K（20mg/ml），65℃水浴 4 小时，其余细胞裂解液置于 4℃备用。

（9）取 protein G-Agarose beads 200μl，用 Dilution Buffer 洗涤 3 次后加入 1ml Dilution Buffer，加入 BSA 至终浓度为 1mg/ml，加入变性超声断裂的鱼精 DNA 至终浓度为 100μg/ml，旋转混匀 2 小时备用。

（10）步骤（8）的样品加入等体积（约 450μl）酚：氯仿：异戊醇（24：24：1），混匀，13 000r/min 离心 30 秒，取上清移至新的离心管。

（11）每管加入 10μl 3mol/L NaAc 和 10μl glycogen（5mg/ml），混匀，加入 800μl 无水乙醇，混匀，12 000r/min 4℃离心 10 分钟。

（12）用 75% 乙醇洗涤一次。

（13）晾干，加 100μl ddH_2O 溶解 DNA，定量，作为 Input。

（14）按照 Input 中 DNA 的量，计算步骤（7）的细胞裂解液中染色质的浓度。

（15）取步骤（7）的细胞裂解液，每管取 25μg 的染色质，用 Dilution Buffer 按 1：10 稀释，分别加入 4μg Mouse Normal IgG 和 anti-Ac H_3 抗体，每管加入步骤（9）预处理的 protein G-Agarose beads 100μl，4℃旋转混匀过夜。

（16）离心 1 分钟，去上清。

（17）每次用 1ml Wash Buffer（0.1% SDS、1% Triton X-100、2mmol/L EDTA、150mmol/L

NaCl、20mmol/L Tris-HCl，pH7.5）洗涤，重复 3 次。

（18）最后用 1ml Final Wash Buffer（0.1% SDS、1% Triton X-100、2mmol/L EDTA、500mmol/L NaCl、20mmol/L Tris-HCl，pH7.5）洗涤 1 次。

（19）每管加入 120μl Elution Buffer，室温旋转混匀 15 分钟。

（20）每管加入 2μl RNase A（0.5mg/ml）和 5μl of proteinase K（20mg/ml），65℃水浴过夜。

（21）按步骤（10）~（13）用酚：氯仿提取 DNA，溶于 100μl ddH_2O。

（22）PCR 鉴定：采用 GAPDH 启动子区的引物，进行 PCR 扩增检测（见实验三十一），Input、Normal IgG 以及实验组（Ac-H3）各一管。PCR 条件为：

94℃ 3 分钟→94℃ 30 秒→55℃ 30 秒→72℃ 30 秒→72℃ 7 分钟

35 cycles

（23）2% 琼脂糖凝胶电泳鉴定（见实验十六）。

【仪器】 低温离心机、恒温水浴锅、超声破碎仪、旋转混匀仪、层析柜、PCR 仪。

【试剂】

（1）甲醛。

（2）2.5mol/L Glycine 溶液。

（3）FA 裂解液：50mmol/L HEPES-KOH pH7.5，140mmol/L NaCl，1mmol/L EDTA pH 8，1% Triton X-100，0.1% Sodium Deoxycholate，0.1% SDS and protease inhibitor cocktail。

（4）Elution buffer（1% SDS，100mmol/L $NaHCO_3$）。

（5）RNase A（0.5mg/ml）。

（6）5μl of proteinase K（20mg/ml）。

（7）protein G-Agarose beads。

（8）Dilution Buffer：1% Triton X-100、2mmol/L EDTA、150mmol/L NaCl、20mmol/L Tris · HCl pH 7.5 and protease inhibitor cocktail。

（9）酚：氯仿：异戊醇（24：24：1）。

（10）3mol/L NaAc。

（11）glycogen（5mg/ml）。

（12）75% 乙醇溶液。

（13）Mouse Normal IgG。

（14）Mouse anti-Acylation Hostone H_3 antibody。

（15）Wash Buffer（0.1% SDS、1% Triton X-100、2mmol/L EDTA、150mmol/L NaCl、20mmol/L Tris · HCl，pH 7.5）。

（16）Final Wash Buffer（0.1% SDS、1% Triton X-100、2mmol/L EDTA、500mmol/L NaCl、20mmol/L Tris · HCl pH 7.5）。

（17）PCR 试剂见实验三十一；琼脂糖凝胶电泳见实验十六。

主要参考文献

陈德富,陈喜文. 2009. 现代分子生物学实验原理与技术. 北京:科学出版社

郭尧君. 2005. 蛋白质电泳实验技术. 第2版. 北京:科学出版社

李林,张悦红. 2008. 生物化学与分子生物学实验指导. 北京:人民卫生出版社

卢圣栋. 1999. 现代分子生物学实验技术. 第2版. 北京:中国协和医科大学出版社

马文丽. 2011. 分子生物学实验手册. 北京:人民军医出版社

孙军. 2007. 医学生物化学与分子生物学实验. 武汉:华中科技大学出版社

王茂音. 1991. 实用生物化学实验. 合肥:安徽科学技术出版社

吴耀生. 2007. 医学生物化学与分子生物学实验指南. 北京:人民卫生出版社

杨安钢,刘新平,药立波. 2008. 生物化学与分子生物学实验技术. 北京:高等教育出版社

药立波. 2006. 医学分子生物学实验技术. 北京:人民卫生出版社

附　　录

附录 1　凝胶电泳异常原因分析及纠正

问题	原因	纠正方法
1. 制备凝胶失败	a. 单体(丙烯酰胺、双丙烯酰胺)不纯	a. 纯化
	b. TEMED 用量不够	b. 足量
	c. 过硫酸铵潮解	c. 用新鲜制剂
	d. 暴露空气	d. 隔绝空气,真空抽气
	e. 温度过低(室温<5℃)	e. 调整在 10℃以上
	f. 凝胶浓度太稀(<2.5%)	f. 调整浓度
2. 重复性不好	a. 胶制备不规则	a. 严格操作规程
	b. 凝胶制备过久	b. 当天制备,当天使用
3. 分离效果不佳	a. 凝胶孔径不合适,走得太快;凝胶孔径不合适,走得太慢	a. 增加凝胶浓度或降低凝胶浓度
	b. 缓冲系统不合适	b. 酸性、中性蛋白用阴离子系统,碱性蛋白用阳离子系统
	c. 走的距离太短	c. 加大电流或延长时间
	d. 样品浓缩不好,pH 不连续性弱;浓缩胶太短;样品离子强度太大	d. 加强 pH 不连续性,加长浓缩胶,透析除盐降低不连续性
	e. 样品过度浓缩发生蛋白质相互作用	e. 减短浓缩胶
4. 凝胶制品剥离	a. 聚合温度过高>40℃	a. 适当降低聚合温度
	b. 管壁不光滑所致	b. 选择优质玻管
	c. 聚合太快,TEMED. A. P. 过大	c. 适当调整 TEMED. AP 浓度,使聚合控制一定速度
5. 区带不整齐	a. 分离胶表面不平、不均	a. 小心封水层,改变制胶步骤
	b. 凝胶聚合太快,不均一	b. 控制凝胶合适浓度
	c. 凝胶内有气泡	c. 事先抽气
	d. 样品与凝胶液相混	d. 增加样品比重,制样品胶,小心加样
6. 有拖尾现象	a. 样品发生沉淀,又缓慢溶解	a. 注意处理样品或改变电泳条件
	b. 凝胶管壁有裂缝样品渗漏	b. 玻管选择、洗净烘干
	c. 样品加样太大	c. 加样合适
7. 区带弯曲、中心凸出	a. 电流太大,管中心发热而使迁移度高,走得快	a. 降低电流,加强冷却装置
	b. 染色固定时间短,凝胶中心部位蛋白质未固定	b. 延长染色时间,调整固定液
8. 区带扩散	a. 电压太低、电泳时间长	a. 增加电压,缩短电泳时间
	b. 缓冲液离子强度太低	b. 增加缓冲液离子强度
	c. 蛋白质本质结构的不均一性	c. 不易纠正"如 IgG"
9. 由于催化系统所引起的假象	a. 过硫酸铵的强氧化能力使蛋白氧化,酶灭活	a. 加入还原剂(硫基乙醇)或改用光聚合或预电泳
	b. 对光聚合敏感蛋白发生变性解聚	b. 不制备样品胶,直接加样
10. 染色后底色深	a. 脱色时间不够	a. 延长脱色时间或改电脱色
	b. 样品加样太多(拖尾)	b. 样品适量
	c. 染料不佳	c. 改用优质染料和改考马斯亮蓝 R-250

附录 2　化学试剂纯度分级表

规格	一级试剂	二级试剂	三级试剂	四级试剂
标准	保证试剂 GR (绿色标签)	分析纯 AR (红色标签)	化学纯 CP (蓝色标签)	实验试剂 LR
用途	纯度最高,杂质最少。适用于最精确的分析和研究	纯度较高,杂质较少。适用于精确的微量分析	质量略低于二级试剂,适用于一般的微量分析	纯度较低,用于一般的定性检验

附录 3　常用试剂的配制

溶液	配制方法
1mol/L Tris · HCl 溶液	121.1g Tris 碱溶于 800ml 蒸馏水中,加入浓 HCl 调节 pH 到所需值,最后加蒸馏水定容到 1L pH 7.4　HCl　70ml pH 7.6　HCl　60ml pH 8.0　HCl　42ml
磷酸盐缓冲液(PBS)	8g NaCl、0.2g KCl、1.44g Na_2HPO_4 和 0.24g KH_2PO_4 溶于 800ml 蒸馏水中,用浓 HCl 调节 pH 至 7.4,最后加蒸馏水定容到 1L
Tris 缓冲盐溶液(TBS)(25mmol/LTris)	8g NaCl、0.2g KCl 和 3g Tris 碱溶于 800ml 蒸馏水中,用浓 HCl 调节 pH 至 7.4,最后加蒸馏水定容到 1L
HEPES 缓冲盐溶液	8g NaCl、0.37g KCl、0.13g Na_2HPO_4、1g 葡萄糖和 5g HEPES 溶于 800ml 蒸馏水中,用 NaOH 调节 pH 至 7.0,最后加蒸馏水定容到 1L
TBE 缓冲液	54g Tris 碱、27.5g 硼酸溶于 800ml 蒸馏水中,加蒸馏水定容到 1L,为 10×储存液,用时 10 倍稀释后加 EDTA 至终浓度 1mol/L
2×SDS 凝胶加样缓冲液	含 100mmol/L Tris · HCl(pH 6.8)、200mmol/L 二巯苏糖醇(DTT)、4% SDS、0.2% 溴酚蓝、20% 甘油
酚/氯仿	将酚和氯仿等体积混合后用 0.1mol/L Tris · HCl(pH 7.6)抽提几次,置于棕色瓶,上面覆盖 0.1mol/L Tris · HCl(pH 7.6)液层
5×电泳缓冲液(pH 8.3)	3.75g Tris 碱、23.5g 甘氨酸、1.25g SDS 加蒸馏水溶解,最后加蒸馏水定容至 250ml
20×SSC	175.3g NaCl 和 88.2g 枸橼酸溶于 800ml 蒸馏水中,用 NaOH 调节 pH 至 7.0,加蒸馏水定容到 1L
30% 聚丙烯酰胺凝胶溶液	将 30g 丙烯酰胺(Arc)和 1g 甲叉双丙烯酰胺(Bis)溶于 60ml 蒸馏水中,溶解后定容到 100ml,用 0.45μm 滤膜过滤,棕色瓶保存
分离胶缓冲液(1.5mol/L Tris · HCl,pH 8.9)	称 Tris 9.08g 溶于 40ml 蒸馏水中,用 1mol/L HCl 调节 pH 至 8.9,加蒸馏水至 50ml
浓缩胶缓冲液(1.0mol/L Tris · HCl,pH 6.7)	称 Tris 6.05g 溶于 40ml 蒸馏水中,用 1mol/L HCl 调节 pH 至 6.7,加蒸馏水至 50ml
Western-blot 转移缓冲液	称 2.9g Gly,5.8g Tris 和 0.379g SDS+200ml 甲醇,用蒸馏水稀释至 1L
Luria-Bertani(LB)培养基	10g 胰蛋白胨、5g 酵母提取物和 10g NaCl 溶于 800ml 蒸馏水中,用 NaOH 调节 pH 至 7.0,加蒸馏水定容到 1L。高压灭菌

续表

溶液	配制方法
磷酸氢二钠-磷酸二氢钾缓冲液(1/15mol/L)	1/15mol/L Na_2HPO_4 溶液:11.876g $Na_2HPO_4 \cdot 2H_2O$ 溶于800ml蒸馏水,定容到1L;1/15mol/L KH_2PO_4 溶液:9.078g KH_2PO_4 溶于800ml蒸馏水,定容到1L pH　1/15mol/L Na_2HPO_4　1/15mol/L KH_2PO_4 4.92　1.0ml　99.0ml 6.24　20.0ml　80.0ml 6.81　50.0ml　50.0ml 7.38　80.0ml　20.0ml 8.04　95.0ml　5.0ml
磷酸氢二钠-磷酸二氢钠缓冲液(0.2mol/L)	0.2mol/L Na_2HPO_4 溶液:28.39g Na_2HPO_4 溶于800ml蒸馏水,定容到1L;0.2mol/L NaH_2PO_4 溶液:27.6g $NaH_2PO_4 \cdot H_2O$ 溶于800ml蒸馏水,定容到1L pH　0.2mol/L Na_2HPO_4　0.2mol/L NaH_2PO_4 5.8　8.0ml　92.0ml 6.0　12.3ml　87.7ml 6.8　49.0ml　51.0ml 7.0　61.0ml　39.0ml 7.6　87.0ml　13.0ml 8.0　94.7ml　5.3ml
0.1mol/L巴比妥钠-盐酸缓冲液	20.618g巴比妥钠溶液溶于800ml蒸馏水中,加入HCl调节pH到所需值,最后加蒸馏水定容到1L

附录4　希腊字母表

大写	小写	中文注音	英文注音	大写	小写	中文注音	英文注音
A	α	阿尔法	alpha	N	ν	纽	nu
B	β	贝塔	beta	Ξ	ξ	克西	xi
Γ	γ	伽马	gamma	O	o	奥密克戎	omicron
Δ	δ	德耳塔	delta	Π	π	派	pi
E	ε	艾普西隆	epsilon	P	ρ	洛	rho
Z	ζ	齐塔	zeta	Σ	σ	西格马	sigma
H	η	艾塔	eta	T	τ	陶	tau
Θ	θ	西塔	theta	Υ	υ	依普西隆	upsilon
I	ι	约塔	iota	Φ	φ	斐	phi
K	κ	卡帕	kappa	X	χ	喜	chi
Λ	λ	兰布塔	lambda	Ψ	ψ	普西	psi
M	μ	缪	mu	Ω	ω	奥密伽	omega